LOUIS TRINCANT

PROCUREUR DU ROI

AU BAILLIAGE DE LOUDUN

ABRÉGÉ DES ANTIQUITEZ DE LOUDUN

ET PAÏS DE LOUDUNOIS

(1626)

Manuscrit Inédit

Publié avec une Notice et des Notes

PAR

Roger DROUAULT

LOUDUN

IMPRIMERIE A. ROIFFÉ

14, PLACE DE LA ROUFFETERIE, 14

1894

LOUIS TRINCANT

PROCUREUR DU ROI

AU BAILLIAGE DE LOUDUN

ABRÉGÉ DES ANTIQUITÉZ DE LOUDUN

ET PAÏS DE LOUDUNOIS

(1626)

Manuscrit Inédit

Publié avec une Notice et des Notes

PAR

Roger DROUAULT

LOUDUN

IMPRIMERIE A. ROIFFÉ

14, PLACE DE LA BŒUFFETERIE, 14

1894

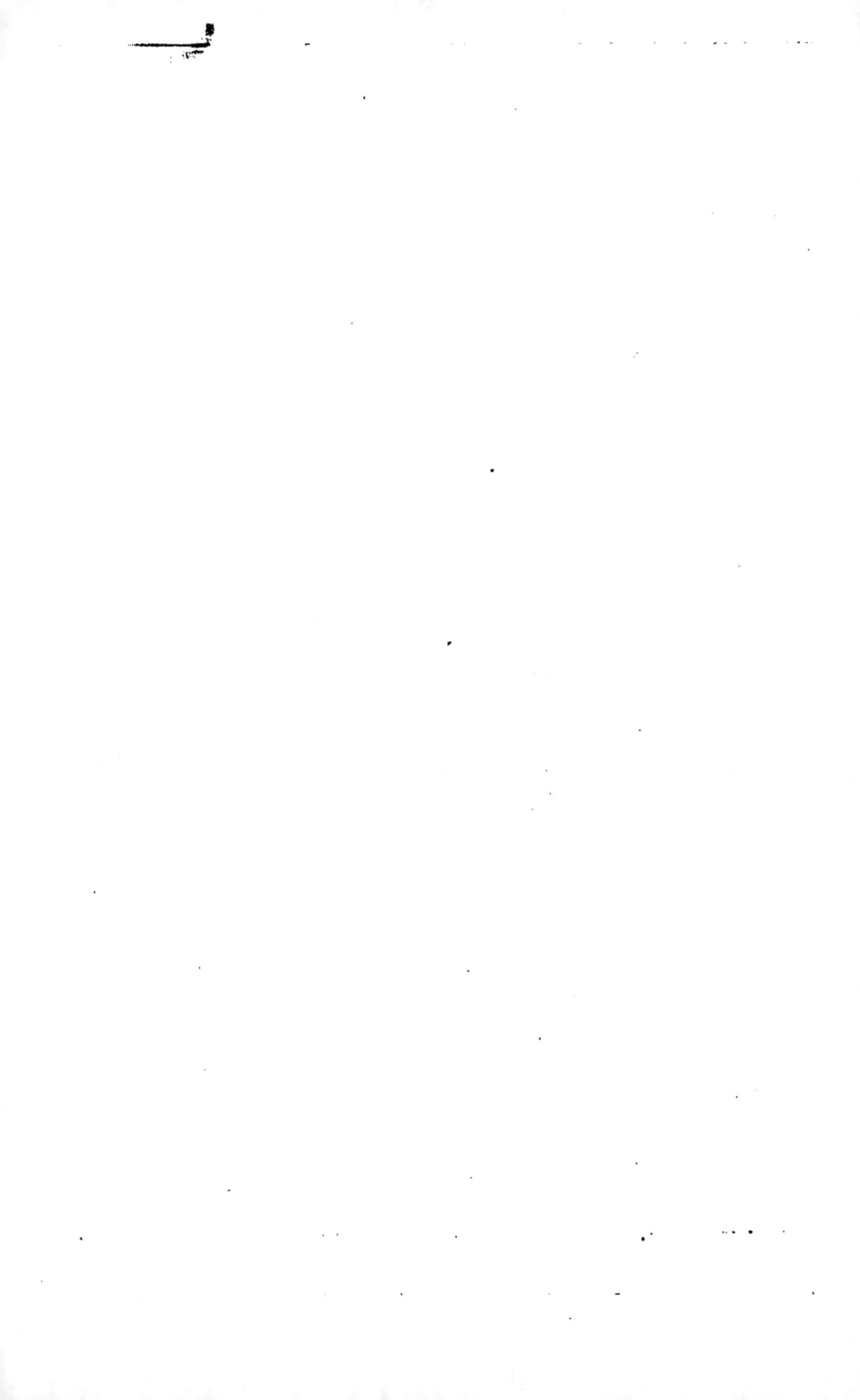

A Monsieur Ernest JOVY

PROFESSEUR

LICENCIÉ ÈS LETTRES

ANCIEN ÉLÈVE DE L'ÉCOLE DES HAUTES ÉTUDES

Hommage bien affectueux et reconnaissant d'un ancien Élève

R. D.

LOUIS TRINCANT

Depuis trois siècles notre histoire locale a trouvé de nombreux fervents qui ont consacré leurs loisirs à rechercher les faits les plus saillants de la vie de notre petite cité ; spécialement, aux XVIIe et XVIIIe, cinq historiens : Le Proust, Trincant, Rousseau, Bouilleau et Dumoustier de Lafond ont rédigé par écrit les résultats de leurs travaux.

Seules les œuvres de Le Proust et de Dumoustier ont été publiées : le premier a donné en 1612, en tête des *commentaires sur la coutume du Loudunois* dûs à son frère Pierre Le Proust, une dissertation intitulée *de la ville et chasteau de Loudun, du pays de Loudunois et des habitants de la ville et du pays ;* cet opuscule, qui renferme de précieux renseignements à côté de détails fantaisistes, fut édité en 1612 (1) par le fils de l'auteur, Pierre Le Proust ; le second, le plus connu de nos historiens, a donné en 1778 des *essais sur l'histoire de la Ville de Loudun* (2) qui sont surtout très complets pour la période des guerres protestantes. C'est un travail fort consciencieux et remarquable par la critique et l'impartialité de l'auteur.

Les œuvres de Bouilleau et de Rousseau qui n'étaient en réalité que de simples mémoriaux, des livres de raison, comme on disait alors, semblent aujourd'hui perdues ; Dumoustier nous

(1) A Saumur par Thomas Portau.
(2 A Poitiers chez Michel-Vincent Chevrier.

apprend dans la préface de son histoire que M. Chauvet, procureur du roi à l'élection, lui a confié un petit livre intitulé *Le Promptuaire de tout ce qui arrive digne de la mémoire*, écrit par Bouilleau, ancien greffier de l'Hôtel-de-Ville ; ce manuscrit, dans lequel notre historien a puisé nombre de faits intéressants, paraissait embrasser les années 1586-1685. Le journal d'Etienne Rousseau, enquêteur au bailliage, personnage amateur et curieux, rechercheur de choses antiques, dit Le Proust, a été aussi en la possession du même auteur qui le cite à l'appui d'évènements survenus de 1563 à 1588.

Quant à Trincant, ses travaux sur le Loudunais, quoique conservés dans les bibliothèques publiques et souvent mis à contribution par ceux qui ont écrit sur notre pays, sont encore en grande partie inédits et nous nous proposons de les faire connaître au public ; toutefois nous croyons devoir faire précéder le texte de son *Abrégé des Antiquitéz de Loudun et païs de Loudunois* d'une courte notice sur l'auteur et son œuvre.

La famille de Trincant paraît être originaire de Touraine ; François Trinquant — telle est l'orthographe primitive de ce nom — était avant 1549 procureur du roi à Faye-la-Vineuse (1) ; il laissa au moins deux enfants : Katherine qui embrassa la religion réformée et épousa au temple de Loudun, vers 1578, Jehan Bridard, sieur de Briande (2), et Louis que nous trouvons à la même époque procureur du roi au bailliage de Loudun. En 1577 celui-ci fut envoyé par le Tiers Etat de notre province aux Etats Généraux tenus à Blois ; à cette occasion il eut l'honneur de soutenir les droits de ses compatriotes contre les députés de Tours qui contestaient à la sénéchaussée de Loudun le droit de se faire représenter par des députés particuliers. Ce Louis Trincant fut père de deux enfants : Louis, dont nous allons parler, et Jeanne mariée en 1590 à Jean Mignon, licencié ès lois, avocat, procureur du roi à la maréchaussée de Loudunois ; de cette union vint Jean Mignon, doyen des chanoines de Sainte-Croix, qui joua un rôle important dans le procès Grandier.

Louis Trincant, l'auteur du mémoire que nous publions, naquit à Loudun en 1571, la même année que Scévole et Louis

---

(1) Registres d'état-civil de Loudun GG. 2.
(2. Arch. dép. de la Vienne ; liste de mariages protestants. E 6. — 1.

de Sainte-Marthe, fils jumeaux du grand Scévole ; leurs pères étaient très liés et les trois enfants commencèrent ensemble leurs études aux « grandes escholles » de Loudun alors dirigées par le savant Pierre Boulenger ; puis allèrent de compagnie suivre les barreaux de Tours et de Paris ; les fils de Scévole se fixèrent dans cette dernière ville et Trincant dut revenir à Loudun où il succéda à son père dans l'office de procureur du roi ; néanmoins l'éloignement n'affaiblit point l'amitié qu'il avait vouée à ses compagnons d'étude et il entretint avec eux une correspondance fort suivie (1).

Trincant, peu de temps après s'être fixé à Loudun, épousa Françoise Delaville, qui le rendit père de plusieurs enfants : Philippe (2), Louis et Françoise ; de Philippe nous parlerons plus loin ; Louis entra dans les ordres et nous le trouvons clerc, pourvu de l'Aumônerie de Sammarçolles en 1619 (3), curé à la fois de Notre-Dame-du-Bas-Nueil et de Saint-Pierre-de-Curçay, puis en 1653 chanoine de Sainte-Croix ; Françoise épousa à Loudun le 18 avril 1644 noble homme Guillaume Rogier.

La charge de procureur du roi au bailliage, donnait à Trincant une situation officielle fort élevée parmi la magistrature Loudunaise ; il prenait rang après l'avocat du roi, qui lui-même venait immédiatement après le bailli ; aussi l'excellente réputation qu'avait laissée son père qui, pendant plus de trente ans, avait possédé cette même charge, l'intégrité avec laquelle lui-même exerçait ses fonctions et enfin sa fidélité au parti catholique le firent bientôt considérer comme le chef des habitants de cette religion et ce fut principalement contre lui que les protestants dirigèrent leurs attaques. Le 17 janvier 1611 ayant voulu s'opposer avec le lieutenant criminel Hervé et l'assesseur

---

(1) « Néz en mesme ville et mesme année, enfans de pères qui ont vescu toute leur vie en une grande amitié, nous avons dès le commencement de nostre puberté demeuré ensemble, faict nos estude soubz mesmes maistres, suivy le bareau au Parlement de Tours et de Paris et enfin séparez avons tousjours entretenu nostre sincère amitié par lettres familières et fréquentes, tellement qu'il y a plus de cinquante et deux ans que nous vivons de la sorte. » (Trincant, Histoire de la maison de Savonnières, p. 96).

(2) Né le 4 octobre 1603 en la maison de la Perrière, paroisse de Sainte-Verge, près Thouars ; ses parrain et marraine étaient Pierre de la Ville, écr, sr de Bourniseaux, Philippe Le Blanc, veuve de Jean de la Ville, sr de la Perrière, et Gabrielle de Maulay, femme de Laurent Chapeau, écr, sr de la Bourdaisière, gouverneur de la Ville de Thouars. (Arch. com. de Loudun GG. 7).

(3) Archives Nationales, Aumônerie de Sammarçolles, S 4880.

Chauvet aux entreprises des Réformés, qui, poussés par le gouverneur Boisguérin, voulaient se fortifier dans le château, il fut arrêté et emprisonné (1); la même année ses compatriotes le députèrent à Saumur pour dénoncer aux envoyés royaux la brigue fomentée par Sully pour rendre le collège fondé par Gui Chauvet mi-parti catholique, mi-parti protestant (2).

Tous ces services le portèrent aux Etats Généraux de 1614; ce ne fut pas toutefois sans quelques contestations: en effet, le 12 août 1614, Hervé se présenta à l'assemblée chargée d'élire les députés du Tiers avec une procuration des catholiques de la Ville par laquelle ce mandat était confié à Trincant; les syndics des paroisses du bailliage ayant semblable pouvoir, l'élection du procureur du roi semblait assurée, quand, sur une réclamation des protestants, ces actes furent déclarés nuls comme n'ayant pas été passés en assemblée générale des habitants, et il fut ordonné que, le samedi suivant, catholiques et protestants éliraient conjointement les députés; au jour fixé la réunion eut lieu, mais les suffrages des catholiques se portèrent sur Louis Adam, conseiller au bailliage, et ceux des calvinistes sur Barthelemy de Burges, receveur des tailles. Pour un vice de forme cette élection fut cassée et les habitants s'assemblèrent de nouveau; cette fois les discussions furent si violentes que les catholiques durent quitter la salle du palais et se transportèrent dans la salle capitulaire du couvent des Cordeliers où enfin ils tombèrent d'accord sur le nom de Trincant; les calvinistes réélirent de Burges (3).

A ces Etats qui s'ouvrirent le 14 octobre 1614 les députés Loudunais se signalèrent par un acte d'énergie qui mérite d'être rapporté: on sait que les premières séances furent occupées par de vains débats au sujet des prééminences des trois ordres et de l'abolition du droit de paulette, au cours desquels des paroles blessantes furent échangées. Une querelle beaucoup plus grave, qui avait pour motif le principe de l'indépendance de la Couronne vis-à-vis de l'Eglise, surgit bientôt après; le premier article du cahier du Tiers était ainsi conçu: « Le roi

---

(1) *Dumoustier*, 1re partie, p. 95.
(2) *Dumoustier*, 1re partie, p. 97.
(3) D. p. 101.

— 9 —

sera supplié de faire arrêter en l'assemblée des Etats, pour loi fondamentale du royaume qui soit inviolable et notoire à tous, que comme il est reconnu souverain en son Etat, ne tenant sa couronne que de Dieu seul, il n'y a puissance en terre, quelle qu'elle soit, spirituelle ou temporelle, qui ait aucun droit sur son royaume pour en priver les personnes sacrées de nos rois, ni dispenser ou absoudre leurs sujets de la fidélité et obéissance qu'ils lui doivent pour quelque cause ou prétexte que ce soit... Tous les sujets, de quelque qualité et condition qu'ils soient, tiendront cette loi pour sainte et véritable et comme conforme à la parole de Dieu... Tous les régents, précepteurs, docteurs et prédicateurs seront tenus de l'enseigner et publier. »

« Ces fermes paroles, dit Augustin Thierry, dont le sens était profondément national sous une couleur toute monarchique, consacraient le droit de l'Etat dans celui de la royauté et déclaraient l'affranchissement de la société civile (1)» ; au seul bruit d'une pareille résolution le clergé fut en alarme ; il décida la noblesse à se joindre à lui et tous deux tentèrent de faire retirer ce projet ; le Tiers fort de son droit résista et ne consentit qu'à le soumettre immédiatement au roi. Bien que celui-ci fut majeur ce fut la reine mère qui reçut la députation du Tiers chargée de présenter l'article incriminé ; sur le champ elle lui enjoignit d'avoir à le supprimer de son cahier ; le roi, disait-elle, le tenant comme reçu (2).

Cette façon détournée d'enterrer leur projet fut considérée par les députés du Tiers comme une atteinte à la liberté de l'assemblée ; ils se réunirent immédiatement et discutèrent pendant trois jours s'ils se conformeraient aux ordres de la reine ; après de longs débats, deux motions furent mises aux voix : l'une proposant le maintien de l'article et un blâme à l'entourage du roi, l'autre acquiesçant à l'injonction de la reine. La première avait pour elle la majorité numérique, mais elle ne prévalut point parceque le vote eut lieu par province et non par bailliage. Dès que le résultat fut proclamé, un certain nombre de députés, parmi lesquels se trouvaient Trincant et de

(1) A. Thierry — *Essais sur l'histoire du Tiers Etat.* p. 144.
(2) Id. p. 145.
(3) *Histoire des Etats Généraux.* Paris, 1789, t. XVI, p. 194.

Burges, se précipitèrent dans la salle et protestèrent à grands cris contre cette violation ; tour à tour ils défilèrent à la tribune et déclarèrent à haute voix faire opposition à ce vote (3). De guerre lasse la reine eut recours à un expédient : le texte de l'article ne fut pas inséré dans le cahier, mais sa place y fut réservée.

En mars 1624 Trincant fut encore délégué avec Hervé par les catholiques pour assister Denis Amelot, intendant en Poitou, qui, sur l'ordre du roi, s'était rendu à Loudun pour faire une enquête au sujet d'une élection du corps municipal : les habitants accusaient le bailli, Guillaume de Cerisai, et le gouverneur d'Armagnac d'avoir, par des manœuvres illicites, fait nommer élu et échevins des créatures à leur dévotion ; le lieutenant général de Chinon, Philippe Dreux, avait d'abord été chargé de cette enquête, mais il en avait « ésté empesché et pris à party par aucuns des habitans ». Aussi le roi, par lettres du 28 février 1624, avait-il remis cette mission à Amelot qui arriva à Loudun le lundi 25 mars accompagné d'une force imposante d'archers et d'officiers ; il commença par casser les élections de François Le Tonnelier, élu, de Charles Leclerc et de René Cochart, échevins, les deux premiers calvinistes, le dernier catholique, et convoqua les habitants pour le mercredi ; au jour fixé, Amelot, après avoir fait appel « à la loyaulté de leur conscience », fit procéder à un nouveau vote sous la présidence du bailli et de Trincant ; cette fois tout se passa avec calme et les nouveaux officiers municipaux prêtèrent serment entre les mains de l'intendant ; puis celui-ci fit rédiger un accord signé par les délégués des deux religions qui devait servir de règle pour toutes les élections (1).

(1) *Arch. com. de Loudun. AA. 3.* — Ce règlement est le premier document qui soit venu à notre connaissance sur l'organisation communale de Loudun : Le corps municipal devait être composé de 2 élus et 6 échevins pris en nombre égal dans chaque religion et d'un syndic alternativement catholique et protestant. Les élections avaient lieu tous les trois ans le premier janvier sous la présidence du bailli ; étaient seuls électeurs « les chefs de famille habitant les deux paroisses de cette ville » ; les élus ne pouvaient être pris que parmi ceux qui avaient été échevins. Le curieux journal de Dumoustier publié par M. du Martray donne d'intéressants détails sur le procédé de vote en usage au xviiime siècle. Loudun, Roiffé, 1892, p. 20.

Le **29 janvier 1623**, s'était éteint à Loudun un des plus remarquables personnages de ce temps, Scévole de Sainte-Marthe que ses compatriotes avaient honoré, dans des jours difficiles, du titre de *Père de la Patrie*; retiré dans cette ville en 1618, après une longue et glorieuse carrière, il prit plaisir à réunir autour de lui « une véritable cour d'esprit où les lettres, les arts et les sciences étaient commentés avec une grande éloquence et une profonde érudition. » Le renom de cette brillante société attirait à Loudun toutes les célébrités qui traversaient le Poitou ; l'historien de Thou et le prince de Galles, plus tard roi d'Angleterre sous le nom de Charles Ier, avaient été au nombre de ces visiteurs. Trincant, que de nombreux liens d'affection attachaient à Scévole, était avec Urbain Grandier, curé de Saint-Pierre-du-Marché, prêtre élégant et lettré, un des plus assidus de ces réunions (1). Aussi à la mort de Scévole, ce petit cénacle littéraire qui gravitait autour de l'illustre Loudunais se reforma-t'il bientôt dans la demeure du procureur du roi ; mais, ce qui attirait surtout Grandier chez son ami, c'était la présence des deux filles de Trincant qui, à la mort de leur mère, avaient pris la direction de la maison ; il poursuivait particulièrement de ses assiduités l'aînée, Philippe, belle et charmante créature, qui, gagnée par la brillante parole de Grandier, finit par succomber. Le secret de ses relations fut vite découvert par les calvinistes toujours à l'affut des scandales qui pouvaient

---

(1) Trincant qui se piquait aussi de poésie avait adressé à Grandier, à l'occasion de l'oraison funèbre de Scévole que celui-ci avait prononcée dans son église, les vers suivants :

Ce n'est pas sans grande raison
Qu'on a choisi ce personnage
Pour entreprendre l'oraison
Du plus grand homme de son âge.
Il fallait véritablement
Une éloquence sans seconde
Pour louer celui dignement
Qui n'eut point de second au monde.

atteindre leurs ennemis et bientôt la nouvelle colportée par toute la ville arriva aux oreilles de Trincant qui la repoussa comme une calomnie ; au bout de quelques mois le doute ne lui fut plus permis : un enfant naquit à Philippe. Trompé indignement par son plus intime ami, Trincant lui jura une haine implacable qu'il ne tarda pas à assouvir : on sait comment le procureur du roi tint parole et quelle part il prit dans les procès qui se terminèrent par le supplice d'Urbain Grandier (1); à cette occasion les historiens lui ont reproché de s'être servi de sa haute situation pour suborner des témoins qui accablèrent son ancien ami.

Quelques temps après l'aventure de sa fille, Trincant renonça à sa charge et la résigna à Louis Moussault (2) qui dût, en retour, épouser Philippe (3). A partir de cette époque Trincant s'adonna entièrement à ses chères études et s'éteignit dans notre ville vers 1644 (4).

*
* *

Trincant, avons nous dit, n'a fait imprimer que deux ouvrages (5); le plus ancien, qui comprend deux parties distinctes, a paru à Poitiers en 1628: *l'Anti-Anglois ou réponse aux prétextes dont les Anglois veulent couvrir l'injustice*

(1) V. pour tout ce qui précède l'intéressant et documenté travail de M. Legué : *Urbain Grandier et les Possédées de Loudun*, Paris, Baschet 1883, chap. II et suiv.

(2) Dreux du Radier dans son *Histoire littéraire du Poitou*, prétend à tort que « l'amour de l'étude et l'établissement de son fils Louis l'engagèrent à lui résigner. » V. art. Trincant t. III, p. 444.

(3) 1629 (16 juin) délivrance d'un certificat de publication à Mᵉ Louis Moussault, avocat en Parlement, pour épouser Philippe Trincant, fille de Mᵉ Louis Trincant, procureur du roi. Philippe fut inhumée le 30 novembre 1665 au couvent des Carmes. (Arch. com. de L. GG.)

(4) 1644 (18 avril) mariage de n. h. Guillaume Rogier et de Françoise Trincant, fille de feu Louis Trincant; Françoise mourut le 15 mars 1662. (Arch. com. de L. GG.)

(5) Trincant figure aussi parmi ceux qui rédigèrent le 15 novembre 1616 devant Pierre Aubin, lieutenant civil au bailliage, *le Stile et règlement du bailliage et prévosté royale de Lodun*, à Saumur par *Thomas Portau*, MDCXVI. (Communication de M. J. Moreau, qui possède un exemplaire de ce livre rarissime).

de leurs armes (39 pp.) suivi de *Remonstrances à MM. de la R. P. R.* (1) *de Loudun* (5 pp.). La première est un discours qu'il prononça en sa qualité de procureur du roi, lors de l'enregistrement au bailliage de la déclaration de Louis XIII contre M. de Soubise qui, en 1627, avait amené une flotte anglaise pour s'emparer de l'Ile de Ré ; l'orateur accuse les Anglais d'avoir violé les traités et blâme les protestants d'avoir fait appel aux ennemis de la France pour faire triompher leur religion : « au lieu d'avoir recours aux armes, le vrai chrestien, dit-il, ne doit opposer à la persécution que le jeûne et la prière. »

Dans sa remontrance à ses compatriotes il paraphrase la maxime évangélique de la soumission due au roi et reproche aux protestants leur esprit de révolte ; tout ce qu'il dit, ajoute Dreux du Radier, est fort modéré et par cela même estimé.

Cet opuscule est dédié au Cardinal de Richelieu.

Le deuxième ouvrage édité par Trincant est un travail historique : *Histoire généalogique de la maison de Savonnières en Anjou où la plupart des généalogies et alliances sont représentées avec les blazons des armes, par Louys Trincant, cy-devant procureur du roy au bailliage de Loudun. Poitiers, Thoreault 1638, 186 pp. in-4°.*

Cette histoire fort bien conduite et justifiée à chaque ligne par l'indication des sources est divisée en quatre livres dédiés chacun à un membre de cette famille. La première dédicace est adressée à Charles du Bellay, prince d'Yvetot, fils de Louise de Savonnières et de Martin du Bellay, maréchal des camps et armées du roi ; « maintenant, lui dit-il, que je suis détaché des affaires publiques je n'ay d'études ni de divertissement plus agréable que de continuer à m'employer comme j'ay fait depuis vingt-cinq ans et plus à la recherche de l'antiquité et grandeur de vostre illustre maison et de ses alliances, entre lesquelles celles des Savonnières qui est l'une des principalles m'a esté d'autant plus recommandable que par elle feu mon père et moy sommes entréz au service de feu monseigneur et de vous (2). »

---

(1) *MM. de la Religion prétendue Reformée*; c'est ainsi qu'on désignait les protestants.

(2) Trincant et son père avaient sans doute possédé une charge de sénéchal ou juge dans une seigneurie appartenant aux de Savonnières, le cumul de l'exercice de la justice royale et de la justice seigneuriale n'étant pas interdit ; en Loudunais cette famille possédait depuis 1591 l'importante terre de Monts-sur-Guesnes.

Le livre II est adressé à messire François de Savonnières; le livre III à Simon de Savonnières, et le dernier à René de Savonnières, conseiller du roi au Parlement.

Cette généalogie de la famille de Savonnières n'était dans la pensée de Trincant qu'un chapitre de l'histoire de la maison du Bellay qui était déjà composée à cette époque : « Je ferai voir le jour à la vostre — disait-il dans sa dédicace à Charles du Bellay — quand il vous plaira; » L'original de ce travail, encore inédit, est conservé à la Bibliothèque Nationale; la bibliothèque d'Angers en possède une copie; voici le titre de ce dernier manuscrit : *Histoire généalogique de la maison du Bellay où les vies des plus illustres personnages de cette maison sont raportés avec les généalogies des aliances et blasons des armes; le tout justiffié tant par l'histoire, que par chartes de diverses églises et abbaies, registres du Parlement, titres et autres bonnes preuves insérées à la fin, par Louys Trincant, cy-devant procureur du roy ès sièges royaux de Loudun.*

Toutes ces études créèrent de nombreuses relations à Trincant qui comptait parmi ses correspondants tous les notables historiens de France : les deux jumeaux Louis et Scévole de Sainte-Marthe, avec lesquels il était lié, avons-nous dit, depuis sa jeunesse; d'Hozier, le célèbre généalogiste; André du Chesne que, sans doute, il avait connu à Loudun, où le célèbre historien Tourengeau avait fait la plus grande partie de ses études sous la direction des Boulenger; ce savant pour l'accomplissement de ses vastes travaux qui embrassaient à la fois la géographie, l'histoire des peuples, des institutions et des familles, avait su gagner par l'agrément de son commerce, de dévoués auxiliaires qui, dans chaque province, recueillaient les matériaux que lui-même mettait en œuvre. Trincant, ayant accès dans toutes les archives seigneuriales et ecclésiastiques du Loudunais et des environs, très versé lui-même, dans toutes ces questions de généalogie ou d'histoire, était une de ses plus précieuses recrues; pour du Chesne il rédigea de nombreuses notices dont nous allons parler.

Ces notices, qui, avec l'histoire de la maison du Bellay et un journal des évènements contemporains aujourd'hui perdu, composent l'œuvre inédite de Trincant, sont en grande partie conservées à la Bibliothèque Nationale dans la collection formée par les papiers de du Chesne ; d'autres, en très petit nombre, copiés au siècle dernier par les soins du savant bénédictin dom Fonteneau, sont insérés dans le précieux recueil que possède la bibliothèque de Poitiers ; nous allons en donner l'énumération en les divisant en deux parties, suivant qu'elles concernent ou non le Loudunais :

I. — Manuscrits ne concernant pas le Loudunais.

La Bibliothèque Nationale dans le volume 67 de la collection du Chesne renferme les notices suivantes :

1º **Mémoires po^r Thouars pour envoyer à M. du Chesne, dresséz (par) Louys Trincant, procureur du roy à Loudun.** — 8 pp. (f°s 197-200).

2º **Mauléon.** — 1 p. (f° 201).

3º **La baronie de Bressuire.** — 1 p. (f° 201).

4º **Mémoires pour Moncontour pour M. du Chesne, dresséz par Louys Trincant, procureur du roy à Loudun.** — 2 pp. (f° 202).

5º **Po^r Moncontour.** — 1 p. (f° 203) (1).

6º **Po^r Thouars.** — 1 p. (f° 203).

7º **Les Antiquitéz de Faye-la-Vineuse, recherchées par Louys Trincant, procureur du roy à Loudun, pour les envoyer au sieur du Chesne, géographe du roy.** — 8 pp. (f°s 204-207).

8º **Mirebeau.** — 2 pp. (f° 208).

9º **Mirebeau en Poictou.** — 4 pp. (f°s 209 à 210).

Toutes ces notices sauf une partie de celle de Faye sont autographes.

II. — Manuscrits concernant le Loudunais

Le même volume de du Chesne renferme :

1º **Loudun.** — 2 pp. (f° 179).

2º **Abrégé des Antiquitéz de Loudun et païs de Loudunoys, faict par Louys Trincant, procureur du roy de la dicte ville.** — 30 pp. (f°s 180-195).

---

(1) Nous publions ces deux mémoires sur Moncontour à la suite de la notice sur Loudun.

3º **Pour adjouter aux mémoires que j'ay envoyé à M. du Chesne pour Loudun** — 2 pp. (fº 196) (1).

A la bibliothèque de Poitiers nous avons retrouvé dans la collection de dom Fonteneau :

4º **Abrégé des Antiquitèz, etc.**, tiré du cabinet de M. de Clerambault, t. 13, vol. 36, fº 95 des duchés et paieries.

5º **Mémoires de la ville de Loudun et du païs de Loudunoys**, extraits par dom Fonteneau d'un volume manuscrit des mélanges de Messieurs de Sainte-Marthe, volume 13.

Parmi les manuscrits sur le même sujet, qui aujourd'hui paraissent perdus, nous citerons le journal de Trincant qui renfermait, dit Dumoustier, des traits historiques de son temps assez mal ordonnés, mais plein d'exactitudes ; et deux autres manuscrits qui furent communiqués au même auteur par M. Chauvet, procureur du roi à l'élection, et M. Avril, procureur (2) ; enfin un fragment sur les seigneuries du Loudunais fut confié à M. Redet, archiviste de la Vienne, par M. de Marconnai (3).

Des manuscrits concernant le Loudunais venus à notre connaissance, seuls les 1 et 3 sont autographes ; ils ont été adressés à du Chesne pour compléter l'*Abrégé* nº 2.

Le manuscrit de la bibliothèque de Poitiers nº 4 que nous publions porte cette mention qui est peut-être de la main de dom Fonteneau : « *cet exemplaire-cy est le plus complet et le plus exact de tous ceux qui se trouvent recueillis dans les bibliothèques publiques et dans les cabinets des curieux.* » En effet nous avons constaté qu'il était la copie presque littérale des manuscrits 1, 2 et 3 et que les ajoutés envoyés après coup avaient été intercalés aux passages indiqués par Trincant ; c'est donc cette dernière version que nous avons suivie pour notre publication, quant à l'ordre et au style, car pour ce qui est de l'orthographe, le manuscrit de Poitiers est criblé de fautes que

---

(1) Mentionnons aussi *la vie de Salmon Macrin, excellent poète Lodunois*, publiée par M. E. Jovy dans le *Journal de Loudun* du 14 février 1892.
(2) *Dumoustier* p. XVIII.
(3) *Redet, Diction, topog. de la Vienne*, indications des sources.

nous avons corrigées sur l'exemplaire de la Bibliothèque Nationale dont l'écriture annonce la première moitié du XVIIe siècle.

Le plan de cet *Abrégé* est assez bien conçu : après avoir fait la géographie politique du Loudunais, Trincant se demande par qui et comment notre ville a bien pu être fondée, et — il fallait bien céder aux travers du temps — s'en prend de suite aux Romains. Cependant, après avoir examiné les diverses hypothèses créées à plaisir par ses contemporains, son sens critique lui arrache ce cri qui témoigne de sa bonne foi : « quoiqu'il en soit, dit-il, c'est une vaine recherche de reporter l'origine de nos places aux Romains. »

Puis il continue par une description rapide des monuments de la ville, où nous trouvons de fort précieux renseignements sur notre ancien château ; par l'énonciation des justices royales de Loudun, des chatellenies et principales seigneuries du Loudunais, et termine par l'énumération des célébrités locales, tant gens de guerre, que gens de lettres.

Bien différent de son compatriote Le Proust qui s'est contenté de rapporter sans les controler les faits recueillis de la bouche de ses contemporains (1), Trincant a fait œuvre de véritable historien dans sa notice sur le Loudunais ; on sent en lui l'influence de du Chesne, introducteur de cette méthode historique qui a reçu de nos jours ses derniers perfectionnements avec les Augustin Thierry, les Thiers et les Taine. Il a su utiliser sa profonde érudition, qui se fait jour à chaque page, en l'employant à une critique souvent fort judicieuse des textes que de laborieuses recherches lui avaient fait découvrir dans les archives mises à sa disposition.

Le style de son *Abrégé* est en général fort clair ; ses phrases n'ont pas cette allure entortillée, cette longueur désespérante qui souvent, chez les auteurs de son temps, obscurcissent la pensée de l'écrivain, rebutent le lecteur moderne obligé de tourner plusieurs pages pour trouver la fin d'une proposition ; à part les lignes sur l'origine de Loudun, qui furent ajoutées postérieurement, nous ne trouvons pas non plus dans cet ouvrage ces longues digressions qu'il était alors de mode d'intercaler.

_____

(1) « Je rapporte, dit-il, ce que j'ai entendu dire à nos pères. »

Nous terminerons cette courte notice sur ce personnage en citant les deux faits suivants, qui montrent combien chez lui l'étude du passé avait développé un véritable culte pour tout ce qui se rattachait à l'histoire de son pays : apprenant qu'on grattait et badigeonnait ignomineusement — *nil novum...* l'église de Saint-Cassien, qui renfermait des peintures curieuses, il n'hésitait pas malgré son grand âge à s'y transporter et à les copier (1). Le 15 septembre 1618, étant parrain d'un garçon nommé Pierre, il écrivait sur le registre d'état civil, avant d'apposer sa signature, les lignes suivantes qui nous édifient sur les sentiments qu'il professait à l'égard de son ancien maître : « *A ce jour, 15 septembre 1588, mourut en la ville de Loudun le plus sçavant Pierre qui y mourut iamais, ascavoir Pierre Boulenger* » (2).

R. D.

---

(1) *Hist. de la maison de Savonnières.*
(2) Arch. com. de Loudun GG. 9.

ABRÉGÉ DES ANTIQUITÉZ
DE LOUDUN
ET PAIS DE LOUDUNOYS

Faict par Loys TRINCANT

Procureur du Roy de la dicte Ville

NOTA. — *Cet exemplaire-cy est le plus complet et le plus exact de tous ceux qui se trouvent recueillis dans les bibliothèques publiques et dans les cabinets des curieux.*

Le pays de Loudunoys est une petite province située dans le diocèze de Poictiers quy a l'orient du costé de la Touraine, l'occident du costé du Poictou et le midy et le septentrion du costé de l'Anjou et contient unze lieüs de long et cinq lieüs de large au plus estroit ; mais en ce ne sont pas compris quelques renclaves quy se trouvent dans les marches communes de l'Anjou et de Poictou, au delà de la rivière de Thoüé, destachéez du païs de Loudunoys, asçavoir la chastellenye de l'abbaïe de Ferrières, une grande partie de la ville du Puy-Nostre-Dame et tout ce quy dépend du fief du prieuré dudict lieu (1).

La ville de Loudun est scituée au milieu de la contrée en plat païs, néanmoings au lieu le plus relevé ; au pied d'icelle sont plusieurs belles fontaines quy font ung petit ruisseau quy arrose quantité de prairies et grossissant faict mouldre nombre de moulins jusqu'au pont Sainct-Just et se va rendre dans la rivière de Dive.

---

(1) L'ancien Loudunais ne correspond pas à la division moderne de l'arrondissement : dans le Loudunais figuraient Ferrières, le Puy-Notre-Dame, Epieds, Bizay, Brézé, Saint-Cyr, la Bouchardière, aujourd'hui en Maine-et-Loire ; Chavigny, Lerné, Marçay, Grazay, Assay actuellement en Indre-et-Loire ; par contre sont aujourd'hui comprises dans l'arrondissement, les localités de Moncontour, Frontenay, Saint-Jean-de-Sauves, Verrue, Prinçay, qui au dernier siècle ne faisaient pas partie de notre province.

La ville a un grand circuit et contient 2500 feux avec les faux bourgs (1).

La plus part des anciens cartulaires quy parlent de Loudun l'appellent *Losdunum* ou *Lausdunum* ; aucuns (2) *Laucidunum* ; les historiens, Lodunum, Loudunum, Loviodunum, Lugdunum (3). Le poète Salmon Macrin, quy escripvoit il y a cent ans a esté le premyer quy l'a nommée Juliodunum, du nom de Jules César, quy, à son dire, en fut fondateur. C'est ce quy a faict faillir le sieur Faucher (4) en ses Antiquitéz Françoises et le traducteur de l'histoire de Grégoire de Tours en François, lesquelz ont pris Vicus Juliensis pour Loudun, combien que ce soit la ville d'Aire en Gascogne (5).

Par les lettres de la trève faicte en l'an 1231 entre le roy de France et le duc de Bretagne quy sont en latin, Loudun est appelé Losdunum Pictavium (6).

---

(1) Ce renseignement est le plus ancien que nous possédions sur la population de notre ville et encore est-il peu précis ; il s'agit en effet de connaître exactement la valeur du mot feu qui est ici employé dans le sens de maison ou famille. Il ne paraît pas exagéré de fixer à 4 habitants le groupe représenté par le mot feu ; ce qui donnerait une population d'environ 10.000 âmes en 1626 ; (on peut prendre comme point de comparaison le nombre de feux, 1330, donné par Dumoustier en 1770 ; la population n'a pas sensiblement varié depuis cette époque ; à 4 habitants par feu, nous arriverions à 5320 qui est, à peu de chose près, le chiffre de la population actuelle).

En 1626, date à laquelle écrivait Trincant, notre ville commençait à décliner : les guerres de religion, les terribles épidémies de 1597 et 1604 avaient décimé sa population qui, d'après les registres d'état civil, dut atteindre au milieu du XVIᵉ siècle son maximum. Les causes que nous venons d'indiquer la firent décroître jusque vers 1620 ; à cette époque, les relevés statistiques que nous avons faits montrent un accroissement qui s'accentue jusqu'au milieu du XVIIᵉ, puis de cette époque part une période décroissante qui eut pour cause principale l'émigration protestante ; actuellement la population tend à augmenter : le recensement de 1869 accusait 4405 habitants ; celui de 1882, 4522 et celui de 1891, 4652.

(2) Quelques-uns.

(3) D'après une opinion récente, qui a, croyons-nous, pour auteur un de nos compatriotes, M. A. de la Ménardière, le nom de Loudun viendrait de Lugdunum, formé lui-même de deux mots celtiques : *Lug*, Dieu correspondant à Mercure, et *Dun* qui signifie éminence ; cette thèse paraît fort vraisemblable.

(4) Claude Faucher, premier président à la Cour des Monnaies (1529-1601) fut considéré en son temps comme un savant antiquaire ; il a fait imprimer : *Déclin de la maison de Charlemagne* ; une *Traduction de Tacite*, et surtout les *Antiquités Gauloises, contenant les choses arrivées jusqu'à la venue des François* ; les *Antiquités Françoises contenant les choses advenues en France depuis Faramond jusqu'à Hugues Capet* ; *les noms et sommaires des œuvres de six vingt et sept poètes François*, etc. Scévole de Sainte-Marthe a écrit son éloge.

(5) Tout le passage qui suit jusqu'à la description du château de Loudun compose le manuscrit intitulé *Loudun* dans la collection Duchesne ; il est facile de voir que c'est une dissertation sur nos origines qui a été intercalée dans le mémoire primitif ; nous la laissons à la place qui lui a été assignée par le copiste de dom Fonteneau.

(6) Ces lettres sont insérées dans les *Layettes du Trésor des Chartes*, 2144 : *non intrabo nec approbinquabo*, dit Pierre de Bretagne, *ex parte Biturie et Pictavie, ultra Lochias, Salmurium, Losdunum et Pictavium*.

S'il est vray ce que dict Mᵉ Guillaume du Bellay (1) en ses antiquitéz Françoises que Loudun a pris son nom de Dumnacus, roy des Angevins, quy fit bastir cette ville, celuy quy l'a appellée Dumnacum a bien rencontré, quy fut un excellent poète latin Bastard quy mourut jeune à Poictiers, que feu Monsieur le trésorier de Saincte-Marthe m'a dict avoir connu et n'avoir jamais ouy appeller Loudun Dumnacum qu'à luy seul. De ce Dumnacus est parlé dans les commentaires de César, quy, ayant rallié force Angevins, alla assiéger Limoges dont il fut contraint de lever bientost le siège à cause que C. Fabuis, lieutenant de cet empereur, tourna teste vers luy, le poursuivit jusqu'à quatre lieües de la rivière de Loyre où il le defit avec 12000 Angevins et luy se sauva et retira en Bretaigne ; il y a apparence qu'il fut défait vers Loudun quy n'est qu'à 4 ou 5 lieües de la rivière de Loyre (2).

Le plus ancien auteur lequel ait fait mention de Loudun est Grégoire de Tours (3) quy semble la nommer Vicum Juliensem au livre 9 de son histoire des François, chapitre 7, en ces mots : « Ennodius cum ducatum urbium Turonicæ atque Pictavæ administraret, adhuc et Vici Juliensis (alias Julicensis) atque Benarnæ urbium principatum accipit (4) ». Sur quoy le président Faucher dict au livre 4ᵉ des Antiquitéz Françoises, chap. 14 : « en ces temps (591) Ennodie, quy tenoit le duché de Tours et de Poictou et encore avoit la surintendance des villes ou bourgs Julicense (quy peut estre Loudun que Salmon Maigret dict

---

(1) Guillaume du Bellay de Langei était fils aîné de Louis du Bellay et de Marguerite de la Tour-Landri ; il embrassa la carrière des armes et se signala en maintes occasions ; François Iᵉʳ le nomma gouverneur de Turin en 1537, puis vice-roi de Piémont ; il mourut en 1543 et fut inhumé dans la cathédrale du Mans dont son frère René était évêque. Il a laissé divers ouvrages parmi lesquels nous citerons l'*histoire de son temps* qu'il divisa en *ogdoades*, c'est-à-dire en différentes parties de huit livres chacune ; la première traitait de l'antiquité des Gaulois et des Français ; c'est à celle-ci que Trincant fait allusion. Ses contemporains, qui le tenaient en haute estime, lui firent cette épitaphe :

« Ci-gît Langei qui de plume et d'épée,
« A surmonté Cicéron et Pompée. »

(2) Dumnacus, chef des Angevins, était en effet venu, en l'an 51, à l'appel des patriotes poitevins, qui avaient secoué] joug de la domination romaine, et avait mis le siège devant *Limonum* (aujourd'hui Poitiers, et non Limoges comme l'a traduit Trincant), ville alors commandée par Duratius, chef dévoué à César. Dumnacus manqua d'énergie et ne poussa pas avec vigueur les opérations qui, trainant en longueur, permirent à deux armées romaines sous le commandement, l'une de Camilius Rabilus, l'autre de C. Fabius, lieutenant de César, de se porter au secours de Duratius ; craignant d'être pris entre les deux troupes, Dumnacus abandonna le siège de Poitiers et se retira vers la Loire ; mais Fabius, averti de cette retraite, se mit à sa poursuite, l'atteignit non loin de ce fleuve et lui infligea une sanglante défaite. Il est fort possible que cette action ait eu lieu aux environs de Loudun ; le pont vers lequel se dirigeaient les Angevins est fort probablement le pont de Saumur, mais l'historien romain n'indique pas à quelle distance de la Loire s'engagea cette bataille. (V. *Commentaires de César*, lib. VIII, cap. XXVI).

(3) Célèbre évêque de Tours (544-595). Son *Historia Francorum* est trop connue pour en dire plus long.

(4) *Du Chesne — Historia Francorum scriptores* — 1636, p. 414.

Macrin, excellent poëte de nostre temps, voulant honorer la ville de sa naissance du nom d'un si grand prince que Jules César, nomma Juliodunum, comme s'il eut esté fondateur) et de Bénarne, (que je ne puis remarquer si ce n'est Ternay, ancien chasteau voisin de Lodun ; jaçois que (1) M^{ro} de la Scale (2) croit que ce soit Bearn des Monts Pyrénées), fut osté de sa charge à la suscitation des comtes de Touraine et de Poictou (cecy monstre que les ducs avoient des comtes sous eux) quy présentèrent requeste au roy Childebert. »

D'autres disent que le chasteau de cette ville est bien l'un des plus antiens de France, mais qu'il ne fut pas basti par Jules César, ains (3) par ce sénateur de Rome, nommé Ludinus, non celuy quy vivoit du temps de Fabie le Grand (4) et Sulpice, citoyens romains, ains par le second fils d'Annius Verus quy mourut estant préteur, frère de l'empereur Marc-Antonin le Philosophe (5) ; lequel ayant demeuré longtemps ès Gaules fit commencer le dict chasteau en façon de citadelle où il laissa une colonie l'an de N. S. 158, lequel fut longtemps après parachevé par Gordian le jeune l'an 246 (6).

Quoiqu'il en soit c'est une vaine recherche que de reporter l'origine de nos places aux Romains ; aussi ne se trouve-t'il point en aucuns des anciens que la ville de Loudun ait porté jadis le nom ni de Juliodunum, ni de Ludinum.

Le premier (7) quy a manifestement parlé de cette ville, (car quant à Vicus Juliensis de Grégoire de Tours, j'en doute et croy plutot que ce soit quelque autre ville proche le Bearn, si Benarna signifie chez luy le Bearn) l'a nommée Loviodunum, c'est Idace (8) ou Fredegaire (9),

---

(1) Bien que.

(2) Joseph-Jules Scaliger, célèbre érudit calviniste (1540-1609), qui prétendait descendre des princes de l'Escale ou de la Scala, souverains de Verone ; une partie de ses œuvres a été publiée par M. de Sig...ne, avocat à Poitiers, sous le titre de *Scaligerana prima*.

(3) Du vieux mot *ainçois*, mais.

(4) Fabius Maximus dit le Temporiseur, consul romain, qui fut chargé en l'an 217 avant J.-C. d'arrêter les progrès d'Annibal.

(5) Marcus-Aurellius-Antoninus-Verus dit Marc-Antoine ou Marc-Aurèle le Philosophe avait été adopté par l'empereur Antonin le Debonnaire, auquel il succéda le 7 mars 161 ; il avait épousé la fameuse Faustine, fille d'Annius Verus ; Ludinus, devait donc être son beau-frère.

(6) S'il était permis de discuter de semblables fantaisies on pourrait faire remarquer que Gordian le jeune avait été assassiné en 244.

(7) Le plus ancien texte qui fasse mention de Loudun est un diplôme qui constate en 739 la présence dans notre ville de l'Empereur Charlemagne. (Cartulaire de St-Martin de Tours).

(8) Idace, moine espagnol, vivant au Ve siècle, qui composa une chronique commençant à la première année du règne de Théodose et finissant en 467 ; elle a été publiée pour la première fois en 1619.

(9) Fredegaire, historien d'origine Bourguignone, écrivait au commencement du VIIe siècle ; l'ouvrage qu'il nous a laissé comprend cinq livres dont les quatre premiers renferment une histoire chronologique depuis la création du monde jusqu'à la mort du roi Chilpéric 1er ; le cinquième livre est une chronique qui conduit l'histoire jusqu'à la quatrième année du règne de Clovis II (641) ; différents continuateurs l'ont poussée jusqu'en 768.

continuateur, ainsy qu'on pense, de Grégoire de Tours. Les historiens du Moyen Age l'ont du depuis appellée diversement tantost Losdunum, tantot Lodunum. Guillelmus Neubrigensis (1), autheur anglois, quy vivoit l'an 1190, au liv. 2 de rebus anglicis, cap. 7, parlant de Geoffroy, frère de Henry second, roy d'Angleterre dict : « interim vero idem Gaufridus tribus castellis non ignobilibus, scilicet Chinone, Lecduno, Mirabello sit contentus (2) ; « Quelques vieils manuscrits portent néanmoings Loduno. Jean de Marmoustiers, en l'histoire de Geoffroy, duc des Normans, liv. 1, parlant de Giraudus Berlaii (3) dict que « fastu igitur elationis intumescens ; cum complicibus suis, Andreo videlicet de Doe, Rogone de Choe (4) et multis aliis quos malitiœ suœ veneno infecerat, Losduni (aliter Losduni), Salmurii et Andegavorum partes frequenti discursu depopulans, ausu temerario infestabat. Habita ad comitem (scilicet Gaufridum comitem Andegavorum) relatio eum in ultionem armavit. Sagaci igitur usus consilio, ut discurrentium obstrueret iter, duo oppida Buthanum et Rupem, a nominum impositoribus dicta, inter Laudunum et Monsteriolum firmavit, firmata milite munivit (5). » Paul Merula (6) géographe en ce temps l'a nommé Lodunum.

L'annaliste d'Acquitaine (7) dict que Sainct Mesme, Sainct Jouin et Sainct Maixent, frères, estoient du païs de Loudunois ; que le premier fut élu miraculeusement évesque de Trèves ; le dernier fut évesque de Poictiers en son vieil âge et Sainct Join vesquit solitairement au lieu quy

---

(1) Guillaume de Neubrige, surnommé le *Petit*, à cause de sa taille exigüe, naquit en 1136 à Bridlington, (Province d'Yorck) et entra jeune dans un couvent appelé *Novum Burgum*, d'où son surnom de *Neubrigensis* ou *Novoburgensis*. Son histoire d'Angleterre commencée à la prière d'un abbé de ses amis, débute par le règne de Guillaume le conquérant et se termine en 1193, bien qu'il ne soit mort qu'en 1203 ou 1220.

(2) *Recueil des historiens des Gaules*, 1786. — T. XIII p. 103.

(3) Ce seigneur, un des ascendants des du Bellay, possédait la ville de Montreuil-Bellay, anciennement Monstreuil-Berlai ; il fonda les abbayes de Bignon et d'Asnières fut favori du roi Louis Le Jeune, et sénéchal du Poitou.

(4) Rogues de Coué, seigneur du Bois-Rogues tenait le premier rang parmi les barons pillards qui désolaient le Loudunais et l'Anjou ; en 1151, il fut assiégé dans Montreuil-Bellai avec Giraud Berlai, André de Doué, Guillaume de Blazon, leurs femmes et leurs enfants, par Geoffroy, duc des Normands et comte d'Anjou, qui voulait mettre un terme à leurs brigandages ; après un fort long siège, Montreuil étant alors entouré d'une triple enceinte de murs, Geoffroy s'empara de la ville et reçut les défenseurs *non in deditionem, sed, ut hostes, vinculis mancipandos* (Chronique de St Serge d'Angers).

(5) *Recueil des historiens des Gaules*, 1781, t. XII. p. 527.

(6) Célèbre professeur de la Faculté de Leyde, né à Dordrecht en 1558, voyagea en France, Italie, Allemagne et Angleterre et mourut en 1607 ; il a laissé divers ouvrages sur la géographie, l'histoire, le droit, etc.

(7) L'annaliste d'Aquitaine est un Poitevin bien connu, Jean Bouchet ; son histoire, qui finit en 1519, fut imprimée à Poitiers en 1524 ; il a aussi fait paraître en 1528 : *Anciennes et modernes généalogies des roys de France et mesmement du roi Pharamond avec leurs épitaphes;* le plan de cet ouvrage est assez curieux : après avoir consacré à chaque roi un article en prose, Bouchet traite le même sujet en vers. Bien qu'il ait beaucoup sacrifié aux travers du temps, comme de faire remonter aux Troyens l'origine des Français, Bouchet n'en est pas moins un de nos plus consciencieux historiens.

de son nom est aujourd'huy dict Sainct Jouin de Marnes et est abbaïe.
La vie de Sainct Adelelme porte qu'il fut aussi de Loudun ; c'estoit
autrefois une sénéchaussée de grande estendue (1).

La vie de Sainct Adelelme (2), moine de la Chaise-Dieu, vivant du
temps de Robert fondateur, l'a nommée Lodunum : « Adelelmus, inquit,
nobilium et clarissimorum parentum unigenitus et loco qui dicitur
Loduno, termino Pictavensis et Andegavensis diocesis ortus, defunctis
parentibus, omnia bona et patriam reliquit, ut sanctum Robertum
sequeretur. » Il fut élu abbé de la Chaise-Dieu 3 ans après que Durantus
fut eslu evesque de Clermont et appelé par lettres de Constance, reyne
d'Espagne, s'y achemina, où, après avoir établi plusieurs monastères, il
mourut in civitate Burgensi ubi honorifice sepultus abbatie renunciavit,
Seguinum in abbatem nominans.

Le (3) Chasteau de Loudun (4) est assis sur une motte de terre
arrondie par la nature, non commandée et si haultement élevée que de
dessus la contre-escarpe des fossés d'iceluy, promenoyr ordinaire des
habitans de la ville (5), on voit quasy tout le païs d'alentour ; le chasteau
paroist avoir esté plusieurs fois ruiné et réédifié. On remarque en
quelques endroictz des vestiges et restes des vieilles meurailles   (6)
sur lesquelles on a basty et rebasty si antiens qu'il ne se peult rien voyr
de plus ; quy faict croire que le commancement a esté du temps des
Romains. Un aultheur moderne (7), sans authorité d'antiens historiens,
s'est imaginé ce chasteau avoir esté faict par Ludinus, fils d'Annius
Verus, frère d'Aurelian, mais quy ne le paracheva, ains (8) l'empereur
Gordian le jeune. Un autre historien du mesme temps a voulu dire
qu'il avoit esté basty par le capitaine Dumnacus, dont parlent les
commentaires de César, quy fut défaict à cinq lieües de la rivière de
Loyre. Ce chasteau e₹ de grande estendue garny de 20 grosses tours
par le dehors, mais il n'y en reste à présent que dix huict ; dans les fosséz
y a un palmail (9) un peu courbé quy démonstre la grandeur.

Du costé de l'Orient, dans le dict chasteau, est un antien palais ruiné
de couverture il y a longtemps et dont les meurailles furent abattues
par le dedans y a 36 ans (10), au milieu duquel reste une haulte tour

---

(1) Cette phrase semble interpolée.
(2) Nommé aussi Saint Alleaume.
(3) Ici recommence le m₅ de la Bibliothèque Nationale.
(4) Pour tout ce qui concerne le château nous renverrons le lecteur au plan dressé
par M. Moreau et publié avec une notice dans le *Loudunais* (*Paysages et monuments
du Poitou*).
(5) Pourquoi nos compatriotes ont-ils abandonné cette superbe promenade pour
la monotone route de Saumur ?
(6) Des substructions en petit appareil gallo-romain sont encore visibles.
(7) C'est au géographe André Thevet que nous devons cette fantaisiste étymologie ;
V. sa *Cosmographie*, lib. XV, p. 586.
(8) Mais.
(9) Emplacement pour jouer au jeu de paume.
(10) L'emplacement de ce palais fut donné par lettres patentes de décembre 1595 à
Michel Lucas, secrétaire ordinaire de la chambre du roi. (V. *Journal de Loudun* du
4 mars 1890).

quarrée (1) quy paroist de fort loing, et, du costé de l'occident, y a dans le dict chasteau un retranchement de meurailles garni de tours, fosséz et pont levis, quy est la forteresse appellée le donjon où demeure le gouverneur bien qu'il y ait peu de logement. Au milieu est une grosse tour de 13 pieds d'espaisseur et de 80 pieds de haulteur environnée de fosséz particuliers. Elle a esté si bien réparée et marchecoulisée, ceste année 1626 (2), par Monsieur d'Armagnac (3), gouverneur, qu'elle paroist une des belles tours quy se puisse voir. La platteforme du hault a 45 pieds de largeur en diamètre. Comme on réparoit l'escalier il s'est trouvé un grand nombre d'inscriptions en lettres hébraïcques sans poinctz au bout des marches quy estoient cachées dans la meuraille de la tour, quy sont des inscriptions des tombeaux de Juifs (4) et pourceque au temps qu'ils estoient soufferts en France il y en avoit nombre à Loudun, quy avoient un cymetière hors de la ville (5) ; il est à croire qu'après avoir esté chasséz on prit leurs tombeaux quy sont de pierres fort dures pour refaire cet escalier ; d'autant qu'il ne s'en trouve point dans le païs de Loudunois d'assez dures et fortes pour cela (6).

Il y avoit une coursière ou allée soubz terre pour sortir de ce donjon et y entrer sans estre veu laquelle a esté ruinée depuis peu ; mais au lieu le gouverneur a faict faire une autre sortie par dessoubz un esperon de pierres de taille commencée dès l'an 1591 par le sieur de Chouppes (7), gouverneur, et parachevé, par le sieur d'Armagnac, aussy à présent gouverneur, pendant les mouvements de Monsieur le Prince (8).

Ce donjon ou retranchement paroist avoir esté faict longtemps après le Vieil Palais et centure de meurailles du grand chasteau (9) et pour le faire on ruina une antienne églize ou chappelle fondée de Sainct Maur dont une partie se voit encore.

Pendant les guerres des Anglois, Loudun estant frontière au Poictou occupé par eux, les habitants de la ville ne la pouvoient garder à cause de la grandeur d'icelle, se retirant dans le chasteau où ils firent bastir plusieurs petites maisons, ils s'y maintinrent si bien en l'obéissance du

---

(1) La tour qui existe encore et qui remonte en partie au XI⁰ siècle.

(2) C'est ce passage qui nous fait connaître l'époque à laquelle Trincant rédigea ce manuscrit.

(3) Sur ce personnage voyez *Jean d'Armagnac et Urbain Grandier*, par M. Barbier, Poitiers, 1888.

(4) Une pierre provenant de cet escalier et portant une inscription hébraïque fait partie de la collection de M. Moreau.

(5) Les *arch. hist. du Poitou* contiennent de curieux renseignements sur les puissants Juifs, qui au commencement du XIV⁰ siècle, habitaient le Loudunais. (V. t. XI) ; il existe encore un lieu dit des *Juifs*.

(6) Ces tombes, qui sont en grès vert, proviennent bien du sol Loudunais, mais cette nature de roche, qui couronnait la formation cretacée, a été exploitée dès les premiers âges et, au temps de Trincant, elle n'existait déjà plus.

(7) Pierre de Chouppes, gouverneur de Loudun de 1590 à 1603 ; il avait embrassé la religion protestante et avait fait construire un temple dans sa terre de Chouppes, près Loudun.

(8) Prince de Condé. Ces mouvements se terminèrent par la paix de Loudun (1616).

(9) La construction de ce donjon, dit M. Moreau, ne peut être antérieure à l'année 1206, mais elle doit s'en rapprocher beaucoup.

roy de France (1) que S. M. en cette considération leur bailla à rente les dictes maisons quy leur sont tousjours depuis demeuré.

Dans le grand circuit du chasteau sont un prieuré conventuel de l'ordre de Sainct Benoist, fondé en l'hônneur de Nostre Dame et de Sainct Phillebert, et une eglize collégiale de chanoines et nombre de maisons. Le prieuré, qui deppend de l'abbaïe de Tournus en Bourgogne, maintenant réuni au collège des Pères Jésuites de Poictiers (2), est fort antien (3) et basty au mesme temps que les meurailles du grand chasteau furent construites comme elles sont à présent, comme la structure le démontre. Il fut fondé par Charlemagne (4) au temps qu'il fonda aussy l'abbaïe de Sainct Phillebert dans l'Isle de Réz ou de Noirmoustiers, laquelle ayant esté ruinée par les Danois, les religieux se retirèrent aux prieuréz de Cunaud-sur-Loyre et de Loudun (5) et, pourceque le couvent de Loudun estoit petit, fut basty dans la ville, pour les loger, un grand dordoir contre une chappelle fondée de Sainct-Nicolas dépendant de ce prieuré laquelle est à présent ruinée (6). Ces religieux y demeurèrent jusqu'à ce que l'empereur et roy de France, Charles le Chauve, leur eut donné l'abbaïe de Tornus pour s'y habituer, de laquelle abbaïe deppendent encore aujourduy les dictz prieuréz. Et en celuy de Lodun se trouve un grand tombeau creux de marbre grossier blanc avecq sa couvercle de mesme, gravéz de figures grotesques, de huict piedz de long et deux et demy de hault, dans lequel on dict que le corps de Sainct Phillebert fut apporté du Monastère que les Danois avoient ruiné, lequel à cause de sa pesanteur ne put estre transporter

---

(1) Cette assertion n'est pas absolument exacte; une chronique normande du XIV° siècle dit en effet : « l'année de devant (1350) avoit esté prins Lodun et y eut mout grant assaults et de grants saillies, car le Bascon de Mareil et plusieurs autres Gascoings et Anglois estoit dedans qui mout appertement se gouvernoient et toutes voies rendirent-ilz le chastel et s'en alèrent. »

La ville prise par les Anglais le 24 juin 1350 resta en leur pouvoir jusqu'au mois d'octobre suivant.

Au surplus, sur toute cette période des Guerres Franco-Anglaises, qui est presque entièrement ignorée de Trincant, voir les publications de M. Paul Guérin dans les *Archives historiques du Poitou.*

(2) Par bulle du pape Paul V donnée en 1610.

(3) Les ruines de l'église subsistent encore dans le jardin de la cure actuelle.

(4) Pour le XVII° siècle et les siècles précédents, Charlemagne était le fondateur obligé des établissements religieux dont l'origine se perdait dans la nuit des temps ; la fondation de ce prieuré ne remonte pas au delà du XI° siècle.

(5) La *Vita Sancti Philiberti* (apud *Juenin, Histoire de Tournus*), pourtant si précise, ne fait pas mention de ce séjour à Loudun. Le premier mai 862, nous apprend-elle, les moines emportant le corps de leur fondateur, quittèrent Cunaud, passèrent la nuit à Forges près de Doué et le lendemain vinrent à Taizé; enfin le troisième jour, un dimanche, ils arrivèrent à Messais (canton de Moncontour) assez à temps pour chanter la grand'messe. La congrégation résida dans cet endroit jusqu'en 871, époque à laquelle une nouvelle invasion de Normands la força à gagner Saint Pourçain en Auvergne.

(6) La chapelle Saint-Nicolas, qui a donné son nom au bourg, puis faubourg de Saint-Nicolas, fut construite sur l'emplacement où s'élève aujourd'hui le couvent de Chavagnes, à la fin de la première moitié du XI° siècle; sa possession donna lieu à un long procès entre les couvents de Tournus et de Saint-Florent-les-Saumur. (V. *Juénin, op. cit.*)

en Bourgogne avec le corps (1) ; l'église du prieuré et couvent furent ruinés aux premiers troubles pour le faict de religion et grand nombre de reliques et ornements emportéz (2) ; l'églize fut réparée de couverture l'an 1583.

L'autre églize, quy est dans le chasteau, paroist estre fort ancienne, ayant esté bastye sur des meurailles, quy faict croire que c'est une des premières églizes des chrestiens et servoit de paroisse comme j'ay recueilly d'un antien cartulaire ; mais au temps que les Danois couroient par toute la France, les chanoines de Sainct-Léger quy demeuroient au village de Basse, près Loudun, vinrent s'habituer au chasteau et prirent cette églize pour y faire leur service et l'y ont faict tousjours depuis ce temps là ; je n'ay encore pu descouvrir quy les a fondé (3).

Les églizes cy-dessus, toutes celles de la ville dont sera parlé cy-après, et toutes les autres du païs Loudunois, furent ruynées et beaucoup d'icelles bruslées par les Huguenots sur la fin de l'an 1568 et commencement de l'an 1569 ; elles avoient toutes esté ruynées d'ornements et les images d'icelles rompeues et bruslées dès l'an 1562 par les mesmes Huguenots quy crioient en faisant ce dégast : Vive l'Evangile ! la messe est abolie ! Ce pendant les gens d'église se cachoient et n'osoient paroistre, sinon ceux quy embrassèrent leur nouvelle opinion quy estoient la plus part religieux (4), entre lesquelz il y en eut quelques uns de si hardys de prescher en leur habit dans la principale églize parrochiale leur nouvelle doctrine quy fut suivi de beaucoup de gens, pourceque desjà quinze ans (5) auparavant, Calvin estant à Poictiers, avoit envoyé à Loudun un grand vieillard qu'on appelloit le Bonhomme (6) quy avoit infecté de son erreur quelques unes des meilleures familles (7) ; puis le roy Henry second envoya à Lodun en

---

(1) Ce passage rectifie une assertion de M. de Longuemar, qui rapporte d'après M. de la Tourette, que ce tombeau était autrefois dans l'église de Saint-Léger. (V. son *Excursion archéologique en Loudunais*) ; il est aujourd'hui à la Bâtie, commune de Mouterre.

(2) Nous publierons prochainement un inventaire du trésor de ce couvent rédigé en 1557, par conséquent avant le pillage par les protestants.

(3) La fondation de ce chapitre, qui eut lieu vers l'an 1020, est relatée dans le cartulaire de Saint-Florent de Saumur (*Arch. hist. du Poitou*, t. II, p. 16).

(4) Comme François Fouquet, prieur des Trois-Moutiers, Artus de Cossé, abbé de Saint-Jouin, etc.

(5) Vers 1547 ; cette date est inexacte, Calvin était à Poitiers à la fin de 1534 (V. M. Lièvre, *Hist. des Protestants et des Eglises réformées du Poitou*, t. I, p. 33).

(6) Albert Babinot, lecteur des Instituts.
D'après une enquête de la fin du XVII° siècle que nous avons retrouvée aux Archives départementales de la Vienne (fonds des Carmes de Loudun) Calvin serait venu lui-même prêcher à Loudun ; nous ne croyons pas à l'exactitude de ce fait qui certainement aurait été connu de Trincant.

(7) Le grand Scévole de Sainte-Marthe avait lui aussi sacrifié aux idées nouvelles ; en mai 1566 il présentait au Temple de Loudun son fils Abel qui fut plus tard conseiller d'Etat et garde de la bibliothèque du roi ; son frère, Charles, avait embrassé la réforme en 1537 ; les Chauvet, les Bouilleau, les Joyeux, les Dumoustier, avaient embrassé la religion réformée ; dans la famille de Trincant, la sœur de son père, Catherine, dame de Rigne, figure souvent comme marraine dans les registres protestants.

garnison le comte Haran (1), Ecossois, avec sa compagnie de gens d'armes quy avoient esté chasséz d'Ecosse pour la religion lequel les y entretint et fut le premier quy leur fit administrer le baptesme et la cenne secrètement par un ministre (2).

Les églizes de la ville sont celles quy s'ensuivent : l'église parrochiale de Sainct-Pierre du Martray (3) quy est bastye dans le cimetière ; au costé et tout contre laquelle est une très antienne chappelle nommée la chappelle Nostre-Dame l'Antienne (4), bastye sur un reste de meurailles aussy antiques que le plus antien fondement du chasteau, quy nous faict croire que c'estoit un Temple des païens dont les premiers chrestiens se servirent pour l'église ou que ceste église a esté bastie par eux au lieu où les premiers chrestiens, quy avoient souffert le martyre, avoient été enterréz comme c'estoit la coustume de ce temps, et à cause de ce, on appelloit les églizes Martyria, comme encore ce lieu s'appelle et s'est appellé de tout temps le Martray (5).

Le Cimetière contient de cinq à six arpents de terre et encore a esté trois ou quatre fois plus grand ; mais lorsque la ville fut enceinte de meurailles, quatre cents ans sont et plus (6), il fut retranché et ce quy est demeuré dehors s'appelle encore aujourd'huy le Vieil Cimetière ; dans celuy de la ville, il y a une grande cave profonde dans laquelle il y a une chappelle fondée de Nostre Dame (7) où autrefois le peuple alloit en dévotion et où se réservoient les ossements des morts. Dans le mesme cimetière est une chappelle fondée de Sainct Jehan l'Evangeliste fort antienne, à présent ruinée, de laquelle chappelle est fait mention dans un antien cartulaire de l'an... (sic).

L'église parrochiale de Sainct-Pierre du Marché est assise au milieu de la ville, bastye à diverses fois et agrandie comme le peuple s'est multiplié, si bien qu'elle est grande et belle et le portail de l'entrée magnifique (8) ; mais les colomnes, statues et ouvrages délicats qui le décoroient furent ruinés dès l'an 1562, comme a esté dict cy-dessus ; et a esté l'église recouverte à diverses foys.

Le prieur du chasteau, quy est maintenant le recteur du collège des Jésuites de Poictiers, a le droict de patronnage sur ces deux églises parrochiales quy n'estoient antiennement qu'une.

L'église de Sainct Jehan de l'Hospital est une des plus antiennes

---

(1) James Hamilton, comte d'Haran.
(2) M. Lièvre nous apprend que ce premier ministre (1555) s'appelait Puinisson.
(3) Cette église, démolie au commencement de ce siècle, se trouvait dans l'ancien cimetière du Martray.
(4) Cette chapelle a été détruite en 1633. (V. M. Chauvineau, inventaire des Archives de Loudun, GG. 130).
(5) Le Proust prétend que ce quartier portait autrefois le nom de Mantrible.
(6) Sous Philippe-Auguste, vers l'an 1206.
(7) Aussi nommée Notre-Dame-du-Charnier.
(8) M. Léon Palustre, dans son savant travail, La Renaissance en France, croit pouvoir attribuer la construction de ce portail aux ouvriers qui ont édifié celui de Saint Symphorien de Tours, vers 1532.

commanderie (1) de l'ordre de Sainct Jehan de Hyerusalem du prieuré d'Acquitaine. Elle est demeurée ruinée (2) ; le commandeur de cette commanderie doibt l'aumosne générale d'un gros morceau de pain tous les jours de dimanche et jeudi ; et est maintenant cette commanderie réunie à celle de Moulins quy n'est distante de la ville que d'une lieûe (3).

L'églize collégiale de Saincte Croix, dans laquelle sont dix chanoines et quatre hebdomadiers et nombre de chappellains, fut autrefois très belle et n'est à présent qu'à moitié recouverte ; elle fut autrefois bastye par Geoffroy Martel, comte d'Anjou, l'an 1602, en l'honneur de Nostre-Dame ; mais Fouques, aussy comte d'Anjou, ayant esté eslu roy de Hyerusalem et de Cypre, le jour de l'Exaltation de Saincte Croix, l'enrichit de plusieurs beaux droictz et d'une portion de la vraie Croix quy se perdit ceste année 1562 ; à cause de ce elle prist le nom de Saincte Croix (4) ; il leur donna aussy le droict de foire le mesme jour (5).

Guillaume Gourmont, quy fut prévost de Paris, fonda une chappelle derrière le grand autel comme il estoit antiennement avant que l'églize eut esté ruinée, où sa femme est inhumée ; et d'autant que l'un des antiens seigneurs de la Jaille en épousa la fille héritière, plusieurs de sa postérité y ont aussy esté inhumés (6) ; et y avoit un antien tombeau de marbre quy fut emporté lors que l'églize fut ruinée. Cette églize a un très beau et très grand fief dans la ville, tout autour duquel les chanoines font une procession annuellement le jour de l'Acsension.

Le couvent des Cordeliers, assis au milieu de la ville, fut fondé par Hue surnommé le Grand, seigneur de Beaussay près Loudun, au lieu où il y avoit autrefois une maison et chappelle bastye en l'honneur de Sainct Georges, ayant amené d'Italie deux religieux de Sainct Françoys en retournant de Hierusalem (7). Il est inhumé comme fondateur à costé du grand autel où il y avoit plusieurs sépultures relevées avec effigies ; comme il y avoit aussy plusieurs autres tombeaux semblables dans le chapitre et dans la nef de l'églize des plus nobles maisons du païs, comme de Berrie, des Odards, des Martel, des Velort ; lesquels tombeaux furent aussy ruinés avecq l'églize par les Huguenots quy

---

(1) En 1213 ces chevaliers recevaient de N. Joubert, seigneur de Ville Boreau, la métairie de *Alneto* (Beauchet-Filleau. *Dict. des fam. du Poitou*, art. Joubert).

(2) Cette église, qui existait en l'an 1060, appartint d'abord aux moines de Tournus.

(3) La Commanderie de Moulins, dont il est plusieurs fois question dans le célèbre procès des Templiers, fut, après la destruction de cet ordre, donnée aux Chevaliers de Saint-Jean-de-Jérusalem.

(4) Dans une notice sur cette église. (*Revue Poitevine* du 15 janvier 1891, p. 16), nous avons montré que ce changement de vocable était antérieur au don de Foulques.

(5) Cette église est aujourd'hui transformée en marché couvert.

(6) Des lettres royaux d'avril 1373 portent amortissement d'une rente de 60 septiers de froment, donnée à l'église Sainte Croix par Jean de la Jaille, maître d'hôtel du roi et Jeanne Gormont, sa femme (*Arch. hist. du Poitou*, t. XIV).

(7) M. Arnault-Poiriers dans ses *Monuments de l'arrondissement de Loudun*, p. 132, démontre que cet établissement a été fondé vers 1252.

firent mourir en ce temps-là (1) trois antiens religieux quy ne vouloient sortir du couvent et fuir la persécution comme avoient faict les autres (2). L'églize et le couvent ont esté réparés et quasy remis en leur premier estat par le grand soin qu'en eut frère Jehan Duboys, religieux de ce couvent, natif de ce païs, quy fut deux foys provincial et mourut en ce couvent où il gist inhumé.

Jehanne, dame de Baussay, dont sera parlé cy-après, laquelle épousa un prince du sang roïal nommé Charles d'Artois (3), comte de Pezenas, y gist enterrée avecq un sien petit fils nommé Louys d'Artois ; y gist aussy dans le chapitre du couvent, Jehan, seigneur de Berrie (4), qui prit le nom d'Amboise et croy qu'il y fut inhumé avant la mort du fondateur (5).

Le couvent des Carmes scitué au bout de la ville devant le cimetière dont le renclos touche aux meurailles de la ville, est de très grande estendue et fut fondé l'an 1334 par Jehan de Baussay, chevalier, seigneur de la Motte, puisné de la maison de Baussay (6) ; et fut l'églize bastye de l'argent que Perceval de Colloigne, chevalier, seigneur de Puigny en Poictou, donna (7) aux religieux à la charge qu'ils prieroient Dieu pour Pierre de Lezignen, roy de Cypre et de Hyerusalem, de la famille duquel il est vraysemblable que Perceval estoit issu, pourcequ'il

---

(1) 1568.

(2) Dumoustier raconte, d'après le journal de Trincant, les traitements barbares qui leur furent infligés. (t. I, p. 38).

(3) Fils de Robert d'Artois, — lui-même arrière-petit-fils du roi Louis VIII, — comte de Beaumont-le-Roger, mort en 1343 au service de l'Angleterre, et de Jeanne de Valois ; Charles d'Artois avait épousé Jeanne de Bauçay vers mai 1360 : leur unique enfant, Louis d'Artois, mourut très jeune.

(4) Décédé le 6 juillet 1274.

(5) Hugues de Bauçay, le fondateur de ce couvent, fut tué aux environs de Tunis quelques jours après la mort de Saint Louis (25 août 1270) ; il fut bien probablement inhumé aux Cordeliers de Loudun lors du retour des Croisés en France (1271) et, par suite, avant la mort de Jean de Berrie.

(6) Nous n'avons pas retrouvé de titre de fondation ; des lettres datées seulement du 19 février 1351 portent amortissement de six arpents de terre donnés par la dame de Benais et plusieurs autres pour fonder ce couvent ; néanmoins par un titre du jour de la Chandeleur 1407, les Carmes reconnaissent pour fondateurs Amaury de Bauçay et Jeanne Anaingine, sa femme ; le même jour, Guillaume de Chaunay et Marie de Bauçay, son épouse, confirmèrent la concession d'Amaury et firent don au couvent d'une croix d'argent ouvré et doré, enrichie de rubis et d'émeraudes (Arch. dép. de la Vienne, fond. des Carmes).

(7) Une copie de l'acte de donation datée du 27 septembre 1388 existe aux Archives départementales de la Vienne (Communautés 8-14) ; cette pièce nous apprend qu'à cette époque l'église était déjà commencée, mais que les travaux étaient interrompus faute d'argent ; à la prière des Carmes, Perceval de Colloigne leur fit don d'une somme de cent livres à charge de prier Dieu pour lui, Jeanne de la Grezille, sa femme, et Pierre de Lusignan, jadis roi de Jérusalem. Ce Perceval n'appartenait pas à la famille des Lusignan, comme le croit Trincant, mais il avait été chambellan de Pierre I de Lusignan, roi de Jérusalem ; nous le trouvons en 1369-1372 au service des Anglais ; il figure parmi les troupes ennemis qui s'emparèrent en 1372 de la forteresse de Moncontour ; l'année suivante il passa dans les rangs français et fut créé par le duc de Berrie sénéchal du Poitou ; il vivait encore en 1411. Froissard dit qu'il était « moult sage et bien imaginatif chevalier et bien enlengagié » (Arch. hist. du Poitou, t. XIX).

portoit les armes de Lézignan brizées d'une grande fleur de lys de gueules quy paroist encore en un bout de listre et ceincture quy estoit autour de l'églize par dedans, où sont aussy les armes écartelées d'Appelvoisin et de Cologne, et fut ce Perceval de Cologne inhumé dans un charnier vousté au milieu du chœur de l'églize où le seigneur baron de Montauzier de la maison de Saincte Maure, seigneur de Puigny, prétend avoir droict de sépulture ; et de faict, l'an 1594, le corps du baron de Montausier (1), quy fut tué au siège de Laon, fut apporté et enterré de force et violence sans cérémonie, d'autant qu'il estoit de la R. P. R. Dans ce mesme charnier s'y est trouvé deux cœurs de plomb sur l'un desquels sont gravés les armes de Saincte Maure parties d'avecq celles des Lesperonnière (2).

Du vivant de René, roy de Sicile et de Hyerusalem, seigneur de Loudun, ceste églize fut fort célébrée et visitée de pèlerins quy y venoient de fort loing pour les miracles quy s'y faisoient (3) ; à cause de quoy ceste églize fut accrue de la chappelle de Nostre-Dame de Recouvrance qui advance sur la rue (4) ; laquelle fut bastie par la munificence du cardinal de Foix (5), évesque de Vannes, que l'on croit y estre enterré ; et fut le couvent augmenté de plusieurs beaux bastiments du temps de Henry second, quy ne furent parachevés à cause des troubles quy survinrent pour le faict des guerres, et fut le couvent entièrement ruiné et le feu mis dans l'église le jour de la conception de Nostre Dame, l'an 1568 (6) ; mais depuis quinze ans en ça que la réforme y a esté introduite par les religieux de l'ordre des Carmes, il est entièrement remis et est estimé un des plus beaux et des plus grands de l'ordre. Le roy, la royne mère, Mre Jehan-Louis de Rochechouard (7), seigneur de Chandeniers et de la Motte de Baussay, fondateurs, y ayant contribué

---

(1) François de Sainte-Maure, baron de Montausier, était fils de François II de Sainte-Maure et de Louise Gilier.

(2) René de Sainte-Maure, fils puîné de Léon II de Sainte-Maure et d'Anne d'Appelvoisin (mariés en 1482), avait épousé Françoise de Lesperonnière ; il était l'oncle du François II de la note précédente.

(3) Des indulgences spéciales furent accordées aux pèlerins par une bulle du pape Grégoire XIII, du 18 septembre 1577 ; nous avons trouvé dans les papiers des Carmes une curieuse pancarte imprimée qui en donne le détail.
Une confrérie de N.-D.-de-Recouvrance fut autorisée par lettres patentes du 16 mars 1491.

(4) Par lettres du 30 novembre 1476, le roi René renouvella la concession qu'il avait faite aux Carmes, d'une parcelle de terrain qui avait servi à agrandir leur chapelle au moyen de trois pilliers « issans en rue » pour soutenir les voûtes.

(5) Il y eut deux cardinaux de ce nom ; il s'agit ici de Pierre dit le Jeune, fils de Gaston IV, comte de Foix et vicomte de Béarn, et d'Eléonore de Navarre, né à Pau, le 7 février 1449 ; après avoir étudié à Pavie où il prit le grade de docteur, il fut élu évêque de Vannes, puis créé cardinal en 1476 ; il mourut à Rome en 1490 ; son corps fut sans doute transporté à Loudun et inhumé dans l'enfeu qui se voit encore dans la chapelle de Recouvrance.

(6) Ce fait est constaté par une inscription gravée sur un des pilliers de la chapelle latérale.

(7) Une autre inscription placée derrière le maître-autel fait connaître qu'en 1612 les autels furent relevés par les soins et la munificence de Jean-Louis de Rochechouart.

avec plusieurs seigneurs, gentilshommes et autres du païs et d'ailleurs; depuis peu M⁸ le Cardinal de Richelieu y a faict faire un très beau et riche autel dans ceste chappelle de Nostre-Dame. Quelques temps après la ruyne du dict couvent, M⁸ Françoys Le Roy, chevalier des ordres du roy, seigneur de Chavigny, fit recouvrir et enfermer ceste chappelle laquelle avoit tousjours servie d'églize aux religieux depuis la ruyne du couvent jusqu'à ce qu'il eut esté remis et la principalle églize recouverte (1).

Au commencement de l'an 1616, au temps de la conférence tenue à Loudun, les pères Capucins désirant s'y establir, les catholiques obtinrent un brevet du roy pour cet effect ; à quoy ceux de la R. P. R. s'opposèrent pour ce, disoient-ils, que Loudun leur estoit ville de seureté, et il furent soutenus par messieurs les ducqs de Sully et de Rohan ; mais le roy, qui estoit à Tours, commanda d'authorité absolue qu'ils y fussent establis ; tellement qu'à présent ils y ont un fort beau couvent du costé de la Porte Sainct-Nicolas.

Les religieuses du Calvaire autrement Bénédictines, de l'institution de Madame d'Orléans, s'y sont aussy establies l'an 1624 et ont faict bastir un couvent au faubourg du costé de Chinon.

Les religieuses de Saincte Ursule s'y sont aussy establies en l'année 1626 de l'authorité et commandement de M⁸ l'Evesque de Poictiers (2).

En l'un des fauxbourgs du costé de Saumur y a une aumosnerie (3) de laquelle le seigneur de Verrières se dict le premier fondateur ; autrefois il y avoit six frères chappellains presbtres quy y faisoient le service avec le prieur et elle estoit d'assez grand revenu, mais comme elle fut ruynée en ses bastiments aux premiers troubles la plus part du revenu c'est perdu.

En un autre faubourg du costé de Poictiers il y a une malladrie (4) quy n'a aulcun revenu, de laquelle les seigneurs de Baussay se disent fondateurs.

---

(1) La charpente de cette église a été refaite il y a environ une dizaine d'années et les poutres ont été vendues ; sur l'une d'elles, qui aujourd'hui soutient le toit d'une grange, au village de Verbrise, nous avons relevé le fragment d'inscription suivant :
... ERES^TOS · FVRINTE PROCELLA · EVERSVM FVERAT ANNO 1568 NVC...
(grandes capitales profondément gravées).

(2) C'étaient ces fameuses Ursulines qui devaient rendre le nom de Loudun à jamais tristement célèbre.

(3) On appelait ainsi les lieux de refuge ouverts aux passants et aux pèlerins qui pouvaient s'y reposer une nuit. Cet établissement était, à l'origine et jusqu'au XVIᵉ siècle, une *Maison-Dieu*, c'est-à-dire un véritable hôpital, car les malades y étaient admis en traitement ; les guerres de religion qui ruinèrent les bâtiments dont une partie se voit encore au lieu dit l'Aumônerie, détournèrent cet établissement de son but primitif, et il ne servit plus qu'à abriter les vagabonds et gens sans aveu.

(4) La chapelle de cette maladrerie existe encore à l'extrémité du faubourg *Saint-Lazare* ; nous donnerons plus tard, dans une notice sur les établissements hospitaliers du Loudunais, les curieux détails que nous avons recueillis sur la Maison-Dieu, la maladrerie ou léproserie et le Sanitat.

L'an 1603 fut basty un Sanitat (1) au bout du faubourg du Martray, du costé de Thoüars, aux despens de la Ville ; sur la porte duquel il fut mis ce quadrain :

> On a basty ce lieu
> Aux despens de la Ville,
> Mais y fault prier Dieu
> Qu'il demeure inutille.

Loudun estoit antiennement en Poictou comme a tousjours esté du diocèze de ceste ville.

Du temps que les comtés estoient offices, le comte de Poictou avoit son vicomte (2) à Loudun pour y rendre la justice ; depuis le comté de Poictou estant devenu héréditaire, les comtes délaissèrent Loudun aux comtes d'Anjou par accommodement sur les différentz quy furent entre eux, à la charge néantmoins de le tenir d'eux en bénéfice, c'est-à-dire à hommage, duquel ils se déchargèrent depuis (3) ; et ainsy Loudun a tousjours demeuré aux comtes d'Anjou jusqu'à la félonie commise par Jehan surnommé Sans Terre, roy d'Angleterre et comte d'Anjou, que le païs d'Anjou confisqué sur luy retourna à la couronne de France (4) et, par conséquent, Loudun quy dès lors fut séparé de l'Anjou et auquel depuis, comme plus prochain siège roïal, ressortissent les cas royaulx des comtés de Poictou et Xaintonge donnés en apanage au prince Alfonse, frère du roy Sainct Louys.

En l'an 1366 Loudun fut donné par le roy Charles cinq à son frère Louys Ier du nom, duc d'Anjou et roy de Sicile, pour le récompenser de la chastellenie de Chantonceaux en Anjou quy en avoit esté énervée et baillée au duc de Bretagne en exécution du traicté de paix faict avec luy. Ainsy Loudun demeura aux ducs d'Anjou, successeurs de Louys, jusqu'à la mort de René, ducq d'Anjou et roy de Sicile (5), qu'il retourna à la couronne de France et le roy Louys XIe par ses lettres de déclaration (6) de l'an 1480 le restablit en siège royal comme auparavant ; en

---

(1) Une terrible peste qui ravagea le Loudunais, pendant plusieurs mois, fut la cause de la construction de ce monument ; fermé au commencement de 1604, il ne rouvrit qu'en 1632 pour abriter de nouveaux pestiférés ; mais depuis cette époque les épidémies paraissent avoir oublié le chemin de Loudun.

(2) L'existence d'un vicomte à Loudun est fort contestable ; elle n'a pour elle qu'un volumineux *Mémoire sur les vicomtes de Loudun*, inséré dans le tome XLVII de Dom Fonteneau, dans lequel l'auteur disserte sur une quantité de questions intéressantes, sauf sur la principale, l'existence du vicomte.

(3) Vers l'an 986 Geoffroi Grisegonelle, comte d'Anjou, ayant refusé de rendre hommage à Guillaume IV, comte de Poitou, fut battu par ce dernier qui lui enleva le Loudunais.

(4) Vers 1206 ; c'est à cette époque que Loudun fut entouré de murs.

(5) « A l'endroict — dit Trincant dans le mᵉ nᵒ 3 — où il est parlé de René, duc d'Anjou, fault adjouter : Led. René transporta à Yolande, sa mère, la ville et chasteau de Loudun en récompense de la ville et chastellenie de Grimault en Provence ; ce qui fut ratiffié par le roy l'an 1441 ; mais par la mort de sa mère il en demeura et mourut seigneur. »
Ce passage n'a pas été rétabli dans le mᵉ de Poitiers.

(6) Ces lettres, qui sont du 28 septembre 1480, ont été publiées par Dumoustier, IIᵉ partie, p. 52.

conséquence de quoy le païs de Loudunois eut aux Estats de Tours, sous le roy Charles VIII, ses desputéz comme sénéchaussée et province séparée des autres, ainsy qu'il en a eu à toutes les autres assemblées d'Estats Généraux quy ont esté depuis ; et s'il a pris le nom de bailliage, quy est néantmoins mesme chose, c'est par erreur et ygnorance, car toutes les jurisdictions, quy sont depuis la rivière de Vienne vers la mer sont appellées sénéchaussées, comme du costé d'Orléans elles sont appellées bailliages ; aussy le Loudunoys est appelé sénéchaussée aux dits Estats de Tours.

Depuis le roy ayant érigé des sièges présidiaux (1) par la France pour y faire ressortir les sièges royaux selon les édits pour ce faicts, Loudun fut mis sous celuy de Tours par provision seullement parcequ'il y eut opposition ; en conséquence de quoy, lors des Estats d'Orléans, les desputéz de Tours voulurent empescher ceux de Loudun de tenir leur rang à part, dont ils furent déboutez ; ce qu'aiant encore voulu faire à ceux de Blois, l'an 1577, où Mr Louys Trincant, lors advocat du roy à Loudun, mon père, et Pierre Langlois, docteur en médecine, estoient desputéz, ils s'en désistèrent ; et depuis à la tenue des Estats en la mesme ville, l'an 1588, et aux deniers tenus à Paris, ils n'en ont rien dit ; au contraire ceux de Berry voulant marcher et prendre place au dessus de moy et de Mr Barthélemy de Burges, quy estions desputéz par le Tiers Estat, ils se joignirent avecq nous.

La ville de Loudun a deux sièges royaulx : la sénéchaussée, appellée autresfois la grande jugerie et depuis peu de temps bailliage, et la prévosté (2). Il y a bailly de robbe longue, lieutenant criminel, lieutenant

---

(1) Les présidiaux ont été établis en 1554 par le roi Henri III ; les juges de cette juridiction connaissaient sur appel des sentences rendues par les baillis et juges seigneuriaux ; leurs arrêts ne pouvaient être déférés qu'aux Parlements.

En 1605 il fut question d'établir un présidial à Loudun ; mais ce projet ne put aboutir par l'opposition que lui firent les officiers des présidiaux de Tours et de Poitiers. (V. Dom Fonteneau, t. LXIV, p. 354).

(2) La distinction entre ces deux juridictions était, aux derniers siècles, fort subtile ; à plus forte raison pour nous, imbus des idées modernes sur l'exercice de la justice, est-elle difficile à bien préciser et encore pour cela devons nous remonter aux origines : Le bailli ou sénéchal était au moyen âge le représentant du roi ou d'un seigneur ; il rendait la justice en son nom, commandait ses hommes d'armes et administrait ses finances ; il avait autorité sur les prévots et examinait au second degré les jugements rendus par ces derniers ; au XIVe siècle on comprit l'inconvénient de confier à une même personne les pouvoirs militaire et judiciaire, et on créa des *baillis de robe* et des *baillis d'épée* ; l'ordonnance d'Orléans (1561) sépara formellement ces deux pouvoirs en instituant des *baillis de robe longue* et des *baillis de robe courte* ; puis l'ordonnance de Blois (1579) défendit à ces derniers de prendre part aux délibérés des sentences que les lieutenants de robe longue rendaient en leur nom, et leur enleva le commandement des troupes et la perception de l'impôt qui furent confiés aux gouverneurs et aux receveurs ; de telle sorte qu'après avoir joui d'une autorité illimitée, les baillis de robe courte ou d'épée n'eurent plus aux XVII et XVIIIe siècles que des attributions mal définies : ils commandaient le ban et l'arrière ban, et convoquaient la noblesse dont ils étaient considérés comme les chefs. A Loudun, dit Dumoustier de Lafond dans une note autographe que nous possédons, « cette place a presque toujours été vacante ; parceque les nobles ne vouloient pas être commandés en cas de ban par des gens de robe et que ceux-ci ne vouloient pour être leur chef que des gens de loi ; c'est

civil, assesseur criminel et cinq conseillers ; à la prévosté il y a juge prévost, lieutenant assesseur au criminel et un conseiller et procureur du roy pour l'un et l'autre siège.

L'élection (1) de Loudun est des plus antienne ; elle a esté autresfois fort grande, mais d'icelle on en a faict troys : celles de Loudun, Mirebeau et Monstreuil-Bellay ; elle depend de la généralité de Tours.

Il y a aussi un grenier et un magasin à sel (2) quy a une grande estendue.

Le prévost des maréchaux (3), quy y est estably dès lors de la création, est provincial aiant soubz luy un lieutenant à Loudun et l'autre à Monstreuil-Bellay. Et pourceque l'office de prévost fut créée lorsque l'élection estoit en son entier le destroict de sa jurisdiction et de ses chevauchées est limité dans l'estendue de ces trois élections.

Dans le ressort de la jurisdiction ordinaire, quy est régie par la coustume particulière (4) et loy municipalle, y a six antiennes chastel-

---

pourquoi l'on croit que la charge de président fut créée pour éviter toutes division».

« Le sénéchal de Lodunois, dit Moréri, est l'un des premiers sénéchaux royaux. Les autres sénéchaussées n'ont été réunies à la couronne que longtemps après ».

Les tribunaux appelés bailliages jugeaient les procès civils de la noblesse et du clergé, les questions féodales et les cas désignés dans l'ordonnance de 1669 sous le nom de *cas royaux*.

La prévoté était la circonscription territoriale administrée par un prévot qui, sous la surveillance du bailli, cumulait primitivement les fonctions civiles, militaires, administratives et judiciaires ; dans la suite ces dernières seules lui restèrent et il ne conserva qu'un droit de juridiction en premier ressort dans toutes les matières civiles, personnelles, réelles et mixtes entre roturiers et pour tous les délits dont la connaissance n'était réservée, ni aux bailliages, ni aux justices seigneuriales dont nous parlons plus loin ; à Loudun en 1583 il fut question de réunir en un seul tribunal le bailliage et la prévoté, mais le juge-prévot refusa son consentement ; toutefois en 1605 sa juridiction fut réduite à la ville et banlieue ; enfin en 1749 ce siège fut supprimé.

(1) Les *élus*, d'où le mot *élection*, ont été établis par les Etats Généraux de 1356, pour asseoir et percevoir l'impôt ; ils furent d'abord nommés par le peuple, puis transformés en 1372 en fonctionnaires royaux chargés de répartir l'impôt et de juger les contestations soulevées à cette occasion par les contribuables.

(2) L'ancien régime avait monopolisé le commerce du sel ; le minimum de la consommation de chaque habitant était fixé d'avance et la valeur de la quantité ainsi établie devait être payée par le contribuable : c'était un véritable impôt de consommation, avec aggravation d'un minimum. Les officiers du grenier à sel avaient été établis pour juger les difficultés soulevées en appliquant cette taxe, la plus impopulaire de la royauté.

(3) Les prévots des maréchaux correspondent à peu près à nos officiers de gendarmerie ; créés à l'origine pour protéger le pays contre les bandes armées qui tenaient la campagne, ils furent, en 1539, chargés de poursuivre les voleurs, vagabonds et faux monnayeurs qu'ils devaient remettre aux mains des baillis ; un édit de 1544 leur accorda le droit de juger ces mêmes malfaiteurs.

A Loudun, cette charge ne fut créée qu'en 1557 ; le prévot avait sous ses ordres un lieutenant, un greffier et 17 archers.

(4) Cette coutume a été rédigée par écrit en 1518 et imprimée pour la première fois à Paris, en 1556, par Jean André.

lenies et quatre nouvelles (1), asçavoir pour les antiennes : Baussay, Berrie, Sainct-Gratian, Cursay, Pouant et Ferrières; pour les nouvelles : Mons, Chavigny, Coussay et la Chapelle-Bellouin.

Baussay (2) est une antienne seigneurie quy a donné le nom et l'origine à une maison grande et illustre, tant pour ses alliances que pour les faictz mémorables des seigneurs quy en sont sortis et en portoient le nom. Le dernier des aisnés seigneurs de ceste maison fut Hue de Baussay quy n'eut qu'une fille Jehanne de Baussay mariée en premières nopces à Geoffroy de Baumont, chambellan du roy, de la maison de Baumont-le-Vicomte, et en secondes nopces à Charles d'Artois, comte de Pesenas, prince de sang roïal, desquels elle n'eut point d'enfants quy les eussent survescus; tellement qu'une autre Jehanne de Baussay, fille de son oncle, seigneur de la Mothe de Baussay, et femme de messire Guillaume de Préz, chevalier, fut son héritière principalle, dont issit Olivier du Préz, auquel le Féron donne le nom et les armes de Baussay et le met au nombre des maréchaux de France, encore que ceste qualité ne se trouve en aucuns des titres quy font mention de luy. Il épousa Jehanne d'Usage de laquelle il n'eut point d'enfants et luy aiant faict don de tous ses acquetz et tierce partie de ses propres, il y eut un grand procès (3) pour ce don quy dura quarante

---

(1) D'après une ordonnance du 17 août 1575, une terre pour être érigée en chatel-lenie devait avoir haute justice, droits de foire, de marché, de prévôté et de péage, avec prééminence dans toutes les églises sises dans son ressort. La coutume du Loudanais portait : « Les droictz de seigneur chastellain sont telz qu'en sa chastel-lenie il ha haute iustice, moyenne et basse, et peut bannir et non rappeler; aussi peut faire tenir plai de quinzaine en quinzaine, et ses assises quatre fois l'an. En sa terre ha la cougnoissance des grans chemins et des cas commis en iceulx. Et doivent les dictz grans chemins avoir seize piedz de large et le voysinau huict piedz. Toutesfois si les grans chemins ont plus de seze piedz il n'est permis de les estroissir n'admoindrer. Le seigneur chastellain ha droict de police, faire bans, crys, pro-clamations en sa ville ou bourg; mettre et induire peine sur ses subiectz scelon la qualité du cas; il est fondé d'avoir chastel et peut avoir iustice patibulaire à trois pilliers garnis de lyens par dedans et par dehors ». Le seigneur qui possédait au moins deux chatellenies pouvait les réunir en baronnie; il avait alors droit de pos-séder ville close, collège, abbaye et justice patibulaire à 4 pilliers garnis de liens par dedans et par dehors mais sans « fest par dessus ». Le haut justicier n'avait droit qu'à deux pilliers; il pouvait faire lever homme trouvé mort « hors grans che-mins » et connaissait de tous cas criminels « excepté de meurtre faict de guet à pense, de femme forcée, de boutemens de feu ». Le moyen justicier avait dans son ressort toutes causes réelles et personnelles dont l'amende n'excédait pas 60 sous; il pouvait faire « mettre brandon et sceller huys, congnoistre de saisine brisée et de simple furt (vol) et avoir sep, fers et anneaulx de fer et autres prisons à garder les malfaicteurs et les pugnir iusques au supplice de mort exclusivement ». Quant au seigneur qui possédait la basse justice, le dernier échellon de la justice féodale, il pouvait « cougnoistre des causes de partie à partie, tant de simples dommages de bestes prinses en son fief, que de ses devoirs et autres actions réelles concernans les droictz fonciers dont l'amende n'excéde sept sols six deniers, faire asseoir bornes entre les héritages ».

(2) Commune de Mouterre-Silly. Dans son histoire de la maison des du Bellay, Trincant dit que « le nom de la terre de Baussay vient d'un Bos ou Boson, grand seigneur du païs de Loudunois, qui florissait avant le règne de Hue Capet ».

(3) Sur ce procès voir les *Commentaires sur la Coutume du Loudunois*, p. 193.

ans entre Hardouin, seigneur de Maillé, chevalier, principal héritier du dict Olivier, d'une part, et la dicte Jehanne d'Usage, d'autre part, et continué entre leurs héritiers. Le principal de Jehanne d'Usage fut Jehan de la Rochefoucault, seigneur de Melleran, quy obtint arrêt à leur profit l'an 1459 ; cela fut cause que la seigneurie et chastellenie de Baussay fut partagée et divisée par les deux tiers et par le tiers, chacune part en droict de chastellenie relevant du roy. Les deux tiers ont tousjours demeuré par succession entre les mains de ceux issus par fille de la race de Baussay jusques à aujourd'huy que Mre Henry de la Chastre, comte de Nançay, les a vendus (1) au baron du Blet, de la maison de Sainct-Quentin (2).

Berrie (3) est aussy une grande et antienne maison, mais il y a environ 400 ans que Jehan, seigneur de Berrie, aiant épousé l'héritière d'Amboise, sa postérité prit le nom et les armes d'Amboise. Ceste terre, quy est celle quy a le plus d'hommages (4) sous soy que toutes les autres du païs de Loudunoys, n'est point sortie de la famille pourcequelle appartient à Monsieur le duc de la Trimouille, à cause de Marguerite d'Amboise, mère de Mre Louys, seigneur de la Trimouille deuxième du nom, son grand trisayeul (5).

Sainct Gratian (6) est pareillement une maison très antienne dont le nom est perdu il y a plus de deux cens ans et fut l'héritière mariée à Jehan de Montbazon, chevalier ; laquelle décédée sans enfant, cette seigneurie est tombée par succession en la maison de Fontenay dont le nom finit par Anne de Fontenay, mariée à Pierre de Beauveau, chevalier, seigneur de la Bessière, duquel la postérité a continué jusques à huy en la personne de Jacques de Beauveau, chevalier, seigneur du Rivau (7).

Cursay (8) est aussy une antienne maison et y a environ deux cens cinquante ans que le nom en est perdu et qu'elle est fondue en celle des Odards, seigneurs de Véniers et Verrières en Loudunois, le nom desquelz a continué jusques à Anne Odart, quy fut mariée à Jehan Le Petit, seigneur de la Vauguion et de la Haquinière, dont n'issit

---

(1) En 1623.

(2) Les deux parties de cette seigneurie n'ont été réunies qu'en 1785 ; le 15 juillet de cette année, Gabriel-François-Jacques Dujon, qui en possédait les deux tiers, acquit le surplus de Philippe-François-Denis de Menou, chevalier non profès de l'ordre de Saint-Jean-de-Jérusalem. (Acte Vinée, notaire à Loudun).

(3) Les ruines de ce château existent encore dans la commune de Nueil-sur-Dive.

(4) Le tome XLVII de dom Fonteneau contient une énumération des vassaux du seigneur de Berrie en 1418.

(5) La terre de Berrie appartint pendant quelques années au célèbre historien Philippe de Commines à qui elle avait été donnée par Louis XI ; mais après la mort de ce roi, Commines dut la restituer aux La Trémoille sur qui elle avait été confisquée.

(6) Saint-Cassien.

(7) Dans son histoire de la maison de Savonnières, Trincant a donné la suite des seigneurs de Saint-Cassien.

(8) V. sur cette seigneurie : *Cursay, son château, ses seigneurs.* — Poitiers, Oudin, 1893.

qu'une fille espouze (1) de Louys du Breüil, sieur du Doré et de Cursay, père de Jacques quy vendit cette seigneurie à deffuncte dame Jehanne de Cossé, veufve en deuxièmes nopces du feu Mr le Comte de la Rochepot et mère de Mr le duc de Rouannois, Louis Gouffier, à présent seigneur de Cursay.

Les quatres chastellenies cy-dessus ont pris depuis quelques années le nom de baronnie quy a passé par quelques aveux.

La cinquiesme antienne chastellenie est Pouant quy appartient aux chanoines de l'églize de Sainct Hilaire de Poictiers quy est un de leurs plus antiens domaines (2).

La sixiesme est celle de l'abbaye de Ferrières (3) sises aux marches communes de l'Anjou et Poictou et est détaché du païs de Loudunois ; les seigneurs comtes de Causay proche de là se sont voulu dire fondateurs de cette abbaye par un prétendu acte de fondation imprimé dans le livre des mémoires publiés sous le nom de Jehan de la Haye (4), aussy peu véritables que le dict acte ; la dicte abbaye estant de fondation royalle et mouvante du roy à cause de son chastël de Loudun ; elle est despendante de l'abbaye de Tyron (5).

Mons (6) est la plus antiennes des chastellenies nouvelles érigée il y a presque deux cens ans (7) ; elle contient cinq paroisses et a ville et marché tous les samedis et cinq foires l'année appartenant à Mr du Bellay. Dans l'estendue de ceste chastellenie il y a un très beau prieuré conventuel de filles dépendant de l'abbaye de Fontevrault appelé Gaisne (8) relevant du roy en droict de haulte justice.

Au couvent de Gaisne, sous la chastellenie de Mons, dont il a esté parlé cy-dessus, (et que Froissard appelle une maison de Templiers) se retira le comte de Pennebroch, Anglois, avec ce qu'il put rallier de ses gens, lorsque le sieur de Sancerre, mareschal de France, le surprit au

---

(1) 1566 (22 avril) mariage au château de Curçay de Louis du Breuil, s- du Doré, et de Françoise Le Petit (*Liste de mariages protestants*, arch. dép. de la Vienne E6-1).

(2) En mars 957 cette terre était déjà en la possession du chapitre de St-Hilaire de Poitiers (V. *Cartulaire de St-Hilaire*).

(3) Sancti Leonardi Ferrariense monasterium, ordinis sancti Benedicti, in agro Loduuensi prode Thoarcium, conditur ab incertis authoribus. (*Gallia Christiana* T. III, col. 1293, édit. de 1728).

(4) On attribue à Jéhan de la Haye, lieutenant-général en la sénéchaussée de Poitou, des *Mémoires et recherches de France et de la Gaule Aquitanique* remarquables par leurs inexactitudes voulues; l'auteur, assez peu connu du reste, a cherché à faire valoir ses hauts faits et à cacher les véritables motifs de sa conduite, sous des mensonges appuyés par des textes qui n'existaient que dans son imagination. Soupçonné de trahison, à juste titre, par ses compatriotes, de la Haye fut tué près de Poitiers le 23 juillet 1575.

(5) Célèbre abbaye sise entre Chartres et Nogent-le-Rotrou.

(6) Une histoire de cette localité a été publiée par un anonyme : *Monts-sur-Guesnes*, Poitiers, Dupré, 1867, 22 pp. in-8°.

(7) En juillet 1481.

(8) Guesnes; nous avons donné sous le titre de *Chartes Loudunaises du cartulaire de Fontevrault* (*Journal de Loudun* du 21 décembre 1890 et suiv.) nombre de chartes du XIIe siècle concernant cet important prieuré fondé vers l'an 1106.

village de Puyrenon quy n'en est qu'à demi-lieue, après avoir perdu nombre d'hommes, sans ceux quy furent tués au dict lieu de Gaisne où ils furent poursuivi avec leur comte quy, retiré dans ce couvent, fut assiégé et sans le secours quy vint de Poitiers, distant de sept à huict lieues de là, conduit par Mr Jehan Chandos, il eut esté forcé dans ceste place (1). Il y a un titre en ce couvent quy le faict croire ainsi parce qu'il dict que cette année là, assçavoir l'an...(sic), il y eut grande occision d'Anglois au lieu de Gaisne quy leur estoit frontière : le roy Charles cinq y mit un capitaine à la réquisition des religieuses (2).

Coussay est un beau prieuré (3) dépendant de l'abbaye de Cormery de très antienne fondation ; le cardinal Briçonnet (4) ou son frère, évesque de Sainct Malo, le fit rebastir comme il est et ériger en droict de chastellenie. Le chastel est bien basti et le lieu plaisant pour les belles fontaines quy y sont et tombent dans les fossez faicts à fonds de cuve, mais il a beaucoup esté embelli et enrichi par M. le cardinal de Richelieu qui y a faict longtemps sa demeure et la meilleure partie de ses estudes.

Chavigny (5) est une belle maison bien bastye et en beau lieu et fut érigée en droict de chastellenie par le père ou grand'père de deffunct Françoys le Roy, chevalier des ordres du roy, comte de Clinchamp, seigneur du mesme lieu. L'an 1568, M. le Prince de Condé quy luy

---

(1) Ces faits se passèrent en août 1370 : le comte de Pembroke, capitaine de Mortagne-sur-Sèvre, s'était avancé à la suite de Jean Chandos qui ravageait le Loudunais à la tête d'une forte armée, jusqu'à Puy Renon (aujourd'hui Purnon) ; là il se heurta au maréchal de Sancerre qui, parti la nuit de la Roche Pozai, battit les Anglais qui se réfugièrent « en une plate maison de Templiers seans tout au sech et tant seulement fermée de pierres » [Froissard] où, pendant deux jours, ils essuyèrent nombre d'assauts; ils étaient sur le point de se rendre, quand Chandos, à la tête d'une forte troupe, obligea les Français à se retirer. Les lettres, qui autorisent les religieuses de Guesnes à fortifier leur couvent, sont du mois d'août 1371 (Arch. Hist. du Poitou, t. XIX).

(2) Ce paragraphe ne se trouve pas dans l'Abrégé de la Bibl. Nat., mais dans le ms n° 3.

(3) Ce prieuré, le plus ancien du Loudunais, a été fondé par Louis le Pieux suivant diplôme donné à Thionville le 16e jour des kalendes de juin 837. (Cartulaire de Cormery, p. 324).

(4) Guillaume Briçonnet appartenait à cette grande bourgeoisie de Tours qui fournit à Louis XI tant de serviteurs intelligents et dévoués; avant d'entrer dans les ordres, il se livra au commerce comme ses ancêtres et épousa Raoulette de Baune, fille du fameux surintendant Semblançay. Charles VIII lui donna d'abord la charge de général des finances en Languedoc et Provence et bientôt l'éleva au rang de premier ministre; dans ce poste difficile, il fit preuve d'une telle habilité et rendit tant de services au roi que celui-ci « vint à le chérir parmi les autres d'une affection particulière, et dès lors en avant fit tant d'estat de son mérite, qu'oncques depuis il ne parla que par sa bouche, n'entreprit que par son conseil et ne gouverna que par sa conduite » (Guy Bretonneau — Hist. gén. de la maison des Briçonnets — 1623).

Après la mort de sa femme il entra dans les ordres et fut évêque de Saint-Malo et de Nîmes, archevêque de Reims, puis cardinal du titre de Sainte Pudentiane.

Robert, son frère était trésorier de Saint Martin de Tours, archevêque et duc de Reims, premier pair et chancelier de France, abbé de Saint-Waas d'Arras.

(5) Commune de Lerné (Indre-et-Loire).

portoit une grande haine (1) (la fit incendier) ; mais depuis elle fut mieux bastie et rendue plus belle (2).

La chappelle-Bellouin (3) est aussy une maison très bien bastye par le chancelier Poyet (4) quy l'avoit acquise, sur lequel elle fut confisquée et donnée par le roy Françoys premier à Jehan d'Escoubleau, seigneur de Sourdis, maistre de la garde robbe, quy la fit ériger en chastellenie ; et depuis aiant esté augmentée de plusieurs petites seigneuries voisines a esté érigée en comté, dont les lettres d'érection n'ont encore esté enregistrées au siège de Loudun.

Il y a encore plusieurs belles maisons en Loudunois en droict de haulte justice comme Brézé (5), quy est une maison de plaisance bien bastye et garnye d'aussy beaux fosséz secs que l'on puisse voir, dont partie relève du chasteau de Saulmeur et l'autre plus grande du chasteau de Berrie dont il est parlé cy-dessus ; elle a esté depuis peu érigée en marquisat ; et c'est de ceste maison que sont sortis ceux quy ont porté le nom de Brézé renommés en l'histoire, dont l'héritière fut mariée, il y a plus de deux cens ans, à Pean de Maillé, chevalier, duquel est descendu Mr le Marquis de Brézé (6) aujourd'huy seigneur dudict lieu.

---

(1) Cette phrase est incomplète dans tous les manuscrits que nous avons consultés ; il est facile, d'après ce que nous disons dans la note suivante, de la reconstituer.

(2) Une enquête faite le 16 janvier 1569 par le lieutenant du bailli de Touraine, contient de curieux détails sur l'incendie de ce château qui eut lieu un vendredi de décembre 1568. Chavigni défendu par 17 hommes d'armes sous le commandement du capitaine Deshaies, que nous retrouvons gouverneur du château de Loudun en 1573-1577, fut d'abord investi par la cavalerie protestante à laquelle vinrent bientôt s'adjoindre 300 hommes de pied ; les assiégés soutinrent bravement l'attaque ; mais l'explosion de leur provision de poudre et l'arrivée d'une troupe de trente enseignes de gens de pied appuyée de 6 pièces d'artillerie les forcèrent à capituler ; pendant que les pourparlers se prolongeaient, les protestants impatientés brisèrent les fenêtres et entrèrent dans le château qu'ils mirent au pillage ; les paysans des environs accoururent à la curée et disputèrent le butin aux soldats qui, après avoir tout saccagé, incendièrent les bâtiments. (Mém. de la Soc. Arch. de Touraine).

Ce fait d'armes se passait avant le 15 décembre ; car à cette date les calvinistes commandés par Condé et Coligny, accompagnés du prince de Navarre, étaient bloqués dans Loudun par les troupes du duc d'Anjou qui occupaient le pays entre Loudun et Chinon.

(3) Commune de Claunay.

(4) Célèbre homme d'Etat, qui, parvenu, grâce à un remarquable talent oratoire, aux plus hautes charges du royaume, se vit, en quelques jours, dépouillé de toutes ses dignités et de toute sa fortune par la vengeance d'une favorite

Guillaume Poyet, fils d'un échevin perpétuel d'Angers, se fit connaître au barreau de Paris où son éloquence fit tant de bruit que Louise de Savoye, mère de François Ier, le choisit pour soutenir les prétentions qu'elle élevait sur les biens de la maison de Bourbon. Poyet plaida avec beaucoup de succès et fut récompensé par la charge d'avocat général ; après avoir été président à mortier, il fut nommé en 1538 chancelier de France ; quatre ans après il était emprisonné et un arrêt du Parlement du 24 avril 1545 le privait de toutes ses dignités et le condamnait à cent mille livres d'amende. La duchesse d'Etampes, alors maîtresse de François Ier, fut l'auteur principal de cette disgrâce. Poyet ayant refusé d'enteriner des lettres patentes accordées à un protégé de la duchesse.

(5) Maine-et-Loire.

(6) Urbain de Maillé, marquis de Brézé, maréchal de France, gouverneur d'Anjou, avait épousé Nicole du Plessis-Richelieu, sœur du cardinal ; sa fille se maria à Louis de Bourbon, prince de Condé.

La Mothe de Baussay (1), quy est une belle maison garnie de très beaux et très profonds fosséz pleins d'eau vive, est un antien partage de la maison de Baussay dont il est parlé cy-dessus ; laquelle, néantmoins ne relève que du roy en droict de haulte justice ; et a demeuré ceste terre dans la famille de Baussay de laquelle est descendu par fille Mre Jehan Louys de Rochechouart, baron de la Tour en Auvergne, seigneur de Chandeniers et de la Mothe de Baussay (2).

Le Bois Rogues (3), situé à demie lieue de Loudun, quy est en mesme droict et que j'estime aussy estre un partage de Baussay, mais beaucoup plus antien que celuy de la Motte. Il y a quatre cens ans qu'elle estoit possédée par ceux quy portoient le nom de Coué (4) ; voyez l'histoire de Chastillon (5).

Il y a un prieuré de l'ordre de Citeaux despendant de l'abbaïe de Bonnevau en Poictou, fondé l'an 1199 par Josdouin de Coué, seigneur du Bois Rogues (6).

Verrières (7) est une très antienne maison venue d'ung nommé Vuarinus, quy fonda le prieuré de Bournan, duquel j'estime que sont issus les Odards quy ont esté seigneurs de ceste maison et de Véniez, terre fort seigneurialle, quy en est fort proche.

Il y a plusieurs autres belles terres quy ont mesme droict de haulte justice et d'où sont sorties d'antiennes famille nobles, mais je les laisse pour briefveté.

Si le païs de Loudunois est fertile en bleds, vin et autres fruits, dont Guillaume Le Berton et Froissard ont fait mention, aussy l'a-t'il tousjours esté en grands personnages de tous ordres dont j'ay bien voulu icy rapporter quelques uns.

---

(1) Aujourd'hui la Mothe-Chandeniers.

(2) L'ancien château, demoli il y a quelques années, avait subi maints assauts pendant les guerres anglaises (V. *Arch. hist. du Poitou*, t. XIX, p. 101). En 1650, François de Rochechouart, exilé de la Cour, y réunit tout ce que la France comptait de célébrités ; un de ses hôtes, le jésuite Léonard Frizon, a laissé un long poëme latin, *Mota Candenaria*, qui contient une curieuse description de cette somptueuse demeure *(traduit par l'abbé Amiet, Loudun, Bruneau-Rossignol, 1839* ; V. aussi *Une cour au château de la Motte en Loudunais, par le Dr Léo Desaivre, Mém. de la Soc. des Antiq. de l'Ouest).*

(3) Commune de Rossay.

(4) Rogues de Coué, seigneur du Bois-Rogues, vivait en 1130.

(5) Histoire publiée par Louis du Chesne ; l'auteur y donne une généalogie des de Coué « extraicte des mémoires de M. Loys Trincant, procureur au siège de Lodun qui m'a communiqué quelques recherches de ceste maison » p. 511.

(6) V. *Arch. dép. de la Vienne*, D3 — Une charte de mars 1218 qui constate que la permission de construire la chapelle avait été donnée à Rogues de Coué par le prieur de Notre-Dame de Loudun.

(7) Commune de Bournand. V. la notice que nous avons consacrée à cette seigneurie dans *Le Loudunais (Paysages et Monuments du Poitou)* et les aveux de 1450 et 1565 que nous avons publiés in-extenso dans le *Journal de Loudun*.

Ce Warinus, ou autrement Garin, n'a pas fondé, comme le croit Trincant, le prieuré de Bournand ; en 1066 il restitua seulement à celui-ci des biens dont il s'était emparé *(Cart. de St-Maur-sur-Loire, t. XLIV).*

Sainct Maximin (1), évesque de Trèves, vulgairement appelé Sainct Mesmin, lequel reçut en son église Sainct Athanase pendant son exil comme l'église le chante de luy, estoit natif du village de Scillé et y estant venu voir ses parents y décéda, et fut inhumé dans l'église de Moustiers-Sillé (2); mais bientost après ceux de Trèves, ayant sceu les nouvelles de sa mort, vinrent quérir son corps et l'emportèrent de nuict. Voyés ce qu'en a escript Antoninus Florentinus (3) quy est semblable à ce qu'on en tient au païs par tradition.

Sainct Mesme, son frère, aussy appellé Maximus, demeura au païs et fut disciple de Sainct Hilaire, évesque de Poictiers, s'establit à Chinon où il fit plusieurs miracles rapportés dans l'histoire de Grégoire, évesque de Tours, où il y a une belle église collégialle où il fut inhumé quy s'appelle Sainct Mesme ; les chanoines d'icelle jouissent encore à présent de son antien domaine quy est au village de Sillé (4).

On tient par tradition qu'ils eurent une sœur nommée Maxime tenue pour saincte ; le tombeau de laquelle se voit encore à présent dans l'église de Moustiers-Sillé (5) où il y avoit autresfois plusieurs reliques de ces sainctz quy furent brulées par les Huguenots au temps où ils ravageoient les églizes, comme ils en firent autant du corps de Sainct Mesme dans l'église de Chinon.

Sainct Adelelme, abbé de la Chaise Dieu en Auvergne, estoit de Loudun comme le brevière du lieu le temoigne ; il se transporta en Espagne où il mourut après y avoir basti plusieurs églises.

Geoffroy de Loudun, évesque du Mans, quy fut un sçavant personnage est tenu en l'églze de Sainct Julien du Mans pour sainct, estoit issu d'une noble famille de Loudunois alliée à la maison de Baussay, vendit le bien (6) qu'il avoit au païs à Arsendis, veuve du seigneur de Baussay, que depuis, ses enfants, Pierre et Guillaume de Baussay, donnèrent aux religieux du prieuré du Bois-Rogues deppendant de l'abbaïe de Bonneveau en Poictou ; par ce titre le dict Geoffroy de Loudun est denommé évesque du Mans.

Hugues surnommé le Grand, seigneur de Baussay, fut autant religieux que valeureux, aiant esté plusieurs fois en la Terre Saincte à la guerre contre les Infidèles et fonda l'église des Cordelliers, comme il est dict cy-dessus.

---

(1) On trouvera une intéressante notice sur ce personnage et sur ceux qui suivent, dans l'*Histoire ecclésiastique du Poitou*, par le R. P. dom Chamard.

(2) Aujourd'hui Mouterre-Silly.

(3) Saint Antonin (1389-1459), archevêque de Florence, connu sous le nom d'Antoninus Florentinus, a laissé de nombreux traités théologiques et historiques. Sa *Somma historica*, compilation indigeste de divers auteurs, s'étend du commencement du monde à 1459; elle a été imprimée à Venise en 1480; c'est dans cet ouvrage que se trouve le passage concernant Saint Maximin.

(4) Au siècle dernier les chanoines de Saint Mesme de Chinon possédaient encore quelques dîmes à Silly.

(5) Sans doute dans la crypte qui existe sous l'église et dont nous avons retrouvé la trace dans les registres d'état civil (V. *Journal de Loudun du 10 juillet 1890*).

(6) En 1234.

Ce que rapporte Guillaume de Nangis, en son histoire, de Hugues et Guy de Baussay, chevaliers, quy se perdirent en combattant contre les Sarrazins, temoigne le genereux courage de ceux de ceste maison et que ceux-cy méritent de tenir le premier rang des hommes illustres du païs (1).

Guillaume Gourmont (2), chevalier, prevost de Paris, n'estoit issu de grand lieu, comme on tient au païs, mais fut faict chevalier par sa vertu. Dans un antien livre escript à la main, quy est au thrésor de la maison de la Jaille, il est rapporté qu'il tua un anglois fort vaillant à un combat de seul à seul dans les fossez du chasteau de Chinon. Ce mesme livre dict qu'il combattit le diable près sa maison appelée le Bois Gourmont, (3) près Loudun, dont son serviteur nommé Malindres, mourut de peur (4). Ce Guillaume Gourmont et Claude de la Haye, chevalier, deconfirent une troupe d'Anglois à la Mothe Bourbon, entre Loudun et Monstreuil-Bellay (5). Il n'eut qu'une fille mariée à Jehan de la Jaille, chevalier, quy fut inhumée avec ses père et mère dans l'église Saincte Croix de Loudun.

Guy Odard, seigneur de Mons, puisné de la maison des Odards, fut un très valeureux chevalier quy fut en la Terre Saincte, gist inhumé dans l'église Sainct Vincent de Mons et avoit un tombeau relevé quy fut ruiné par les Huguenots avec l'église (6).

Jacques Odart, seigneur de Cursay, quy représentent l'aisné de ceste antienne maison des Odards, fut grand pannetier de France et l'assista en toutes ses guerres.

Entre les gentilshommes du païs, quy au dernier siècle ont faict paroistre leur valeur, Françoys le Roy (7), seigneur de Chavigny, comte de Clinchamp, chevalier des ordres du roy, gouverneur de Chinon, mérita de tenir le premier rang, quy fut appellé à la Cour le chevalier sans reproches pour avoir esté tousjours très fidéle à nos roys et ses

---

(1) Leur fin tragique est aussi racontée dans la chronique de Primat traduite par Jean de Vignay (*Historiens de France* t. XXIII, p. 74-77).

(2) Il avait épousé la fille de Guillaume de Ploermel, dont le neveu, portant le même nom, était geolier de Loudun ; des lettres royaux de juillet 1349 accordent à Guyon de Ploermel « nostre valet servant d'écuelle, fils ainé de Guillaume de Ploermel, et frère de la femme de nostre ami et feal chevalier et conseiller, Guillaume Gormont, maistre de noz comptes » la faveur de se porter héritier bénéficiaire de son père. (*Arch. hist. du Poitou* t. XVIII p. 5).

(3) Commune de Véniers; le donjon existe encore.

(4) Cette histoire est racontée par l'*Hermitte-Soulier, nobiliaire de Touraine,* 1665; généalogie de la famille de la Jaille.

(5) Ce fait d'armes est aussi constaté par Leproust.

(6) Des lettres de mars 1370 autorisent la veuve de Gui Odard à fonder une chapelle dans l'église Saint-Vincent et à la doter de 20 livres de rente donnée par le testament de son mari. (*Arch. hist. du P.* t. XIX, p. 54).

(7) « M. de Chavigny, dit Brantosme, a esté un très bon et sage capitaine, il l'a moustré en nos guerres de Piedmont et en nos guerres civiles, lieutenant de M. de Montpensier en ses gouvernemments et armes »; c'est le dernier du nom de cette illustre famille Loudunaise qui remonte à Guillaume Le Roy, seigneur de Basses, marié en 1359 à Jeanne Maumoine, fille de Pierre, seigneur de Chavigny ; son aïeul René Le Roy, chambellan de Louis XI, était en 1485 gouverneur de Loudun.

belles et grandes actions. Il estoit fils de Louys le Roy, chevalier, gentilhomme ordinaire de la chambre du roy et capitaine de ses gardes. Il naquit au chasteau de Chavigny et y mourut à l'âge de 87 ans (1), sans enfants, aiant épousé en premières nopces Anthoinette de la Tour, fille du vicomte de Turenne, et en deuxiesmes Renée de Bretagne, fille du comte de Vertus, et, quoiqu'il fut devenu aveugle, le roi Henry le Grand luy donna la garde du cardinal de Bourbon (2) au chasteau de Chinon et voulut qu'il assista à la conférence de Suresnes pour la pacification des troubles de la Ligue en 1593.

Hardouin et Jacob de Villiers (3), frères, enfans du seigneur de la Rivière Puytaillé, dont l'histoire des premiers troubles pour le faict de la religion parle si dignement, prenoient le chemin de parvenir aux dignités plus relevés deues aux valeureux, s'ils ne fussent morts jeunes à la guerre contre les Huguenots, aiant commandé en leur jeune âge en la guerre de Piedmont. Ils ne tardèrent guère au commencement des premiers troubles à posséder de belles charges ; l'un d'eux fut capitaine des gardes de Monsieur, frère du roy Charles 9°, et furent tués environ l'an..... (sic) aiant chacun une compagnie de gendarmes, n'aiant pas atteints l'âge de trente ans.

Gabriel Prevost, seigneur de Cherbonnières, maistre de camp, gouverneur de Loudun, fut estimé l'un des plus valeureux gentilshommes quy fussent à suivre la fortune de Henry quatre lorsqu'il n'estoit que roy de Navarre et fut blessé au mois de juillet, l'an 1589, au siège de Pontoise, dont il mourut (4).

François, seigneur de Razilly, issu d'une des plus antiennes maisons du païs, dont les predecesseurs portoient la qualité de chevalier il y a plus de 300 ans, estoit gentilhomme du païs instruit en bonnes lettres, quy avoit un grand esprit ; il entreprit le voyage des Topinamboux avec ses frères ; il mourut au siège de Montauban ; il avoit épousé une fille de la maison de Clermont-Talant (5).

---

(1) Le 18 février 1606.

(2) Qui avait été proclamé roi par les Ligueurs, le 7 août 1586 sous le nom de Charles X.

(3) Brantome raconte dans ses *capitaines illustres* (*M. de Brissac*) une aventure arrivée à Orléans en 1570 à Hardouin du Vilier qui, par une « arrogance piedmontoise », avait voulu chasser d'un jeu de paume deux gentilshommes de M. de Randon ; ceux-ci se rebiffèrent et Hardouin reçut trois ou quatre coups d'épée. Ce fut, dit Brantome, un très bon capitaine et tel qu'aux troisièmes troubles, estant capitaine des gardes de Monsieur et capitaine de chevaux légers, fit fort la guerre en Xaintonge aux Huguenots de là et eut belle réputation et fortune ; mais, après leur avoir faict beaucoup de maux, ils l'attrapèrent près de Xainctes dans les taillis de Douet, en une embuscade qu'ils lui avoient dressé et fut tué d'une grande harquebuzade » 1570).

(4) On trouve dans l'*Histoire Universelle* de d'Aubigné de nombreux faits d'armes qui justifient l'appréciation portée par Trincant sur Charbonnières ; Brantome le qualifie de très vaillant, (*Les Couronnels François*).

(5) Nous devons à l'obligeance de M. le Marquis de Razilly de précieux renseignements inédits sur ce François de Razilly et sur son père aussi nommé François qui fut de 1583 à 1589 gouverneur de Loudun ; M. de Razilly a bien voulu nous

Pour le regard des gens de lettres natifs de la ville et du païs, il y en a eu grand nombre quy, au dernier siècle, ont excellé par dessus le commun et quy se sont fait connoistre par leurs escripts ; mais afin d'éviter prolixité il suffira de faire mention de quelques uns décédés.

Salmon Macrin fut un grand poëte latin quy excella principallement en vers lyriques, quy le premier a appellé Loudun *Juliodunum*. Le sieur de Saincte-Marthe aiant faict son éloge je n'en dirai autre chose (1).

Charles Macrin, fils de Salmon, fut fort sçavant et bien aimé du chancelier de l'Hospital, il mourut jeune (2), aiant esté précepteur de la princesse de Navarre (3).

René Le Febvre, président aux enquestes de la Cour de Parlement de Paris, fils de Guillaume Le Febvre, procureur du roy à Loudun, fut appellé par le roy François à la charge de conseiller en la dicte Cour, à cause de son scavoir, et Guillaume Le Febvre, son frère, chanoine en l'église de Poictiers, grandement versé èz langues hebraïcques et grecques, fut fort affectionné par le grand Budé (4) auquel il dédia

---

communiquer la correspondance reçue par ce dernier pendant son séjour à Loudun et nous nous proposons de l'éditer prochainement.

François de Razilly, fils aîné du gouverneur et de Catherine de Villiers, entra dans la marine et fut nommé par la reine régente lieutenant général aux Indes Occidentales et au Brésil ; le 19 mars 1612 accompagné de ses deux frères, Isaac et Claude et de capucins, il s'embarqua à Cancale sur trois navires pour aller coloniser l'île de Maragnan.

Abandonné par le gouvernement dès le début de son entreprise, il ne dut compter que sur ses propres forces et, après avoir lutté contre l'adversité, fut obligé de se rembarquer pour la France espérant trouver près du roi aide et assistance ; mais là il se heurta aux intrigues de la faction espagnole de la Cour qui fit échouer toute nouvelle tentation d'expédition. Tous les détails les plus circonstanciés sur ce voyage se trouvent dans deux ouvrages fort rares : le premier : *Histoire de la mission des pères Capucins en l'isle de Maragnan et terres circonvoisines où est traicté des singularitéz admirables et des mœurs merveilleuses des Indiens habitans de ce pais, avec les missives et advis quy ont esté envoyéz de nouveau par le R. P. Claude d'Abbeville, prédicateur capucin*. — A Paris de l'imprimerie de Françoys Huby — 1614 ; le deuxième qui est la suite du premier porte en titre : *Voyage au Brésil exécuté dans les années 1612 et 1613 par le P. Yves d'Evreux, religieux capucin*, chez le même librairie ; l'exemplaire qui fut offert au roi se trouve à la Bibliothèque Nationale avec une lettre de dédicace.

En 1621 il fut nommé amiral et l'année suivante il périt au siège de Montpellier. Ses frères, Isaac et Claude, tous deux vice-amiraux de France, furent aussi de valeureux marins : le premier, qui était chevalier de Malte, fut investi de la dignité de vice-roi de la nouvelle France et déploya dans cette fonction de remarquables talents d'organisateur ; c'est à lui que la nation canadienne doit en définitive son origine ; le deuxième, ambassadeur en Angleterre en 1628, se distingua particulièrement au siège de la Rochelle où il accomplit des prodiges de valeur ; depuis cette époque jusqu'à nos jours cette famille a fourni à la France nombre de marins et d'officiers de mérite.

(1) Une notice écrite par Trincant sur *Salmon Macrin, excellent poëte Lodunois* a été publiée par M. E. Jovy dans le *Journal de Loudun* du 14 février 1892.

(2) Tué à la Saint-Barthélemy.

(3) Catherine de Navarre, sœur d'Henri IV.

(4) Guillaume Budé, seigneur de Marly-la-Ville, conseiller du roi et maître des requêtes (1467-1540), célèbre érudit appelé par Erasme le *prodige de la France* ; la langue grecque lui était si familière que ses contemporains le comparaient aux meilleurs orateurs de l'ancienne Athènes ; Jacques de Saincte-Marthe prononça son oraison funèbre.

aucuns de ses ouvrages. Voyez les éloges du sieur de Saincte Marthe, leur neveu.

Guillaume Dumaine, fils d'un laboureur d'un village appelé Rossay, près Loudun (1), fut personnage fort docte en la langue grecque et latine duquel Budée en ses épistres et Salmon Macrin en ses œuvres parlent souvent et dignement. Il fut choisy lecteur de Marguerite de Valois (2), sœur de Henry 2, roy de France.

Guillaume Hugues, fils d'un receveur du domaine de Loudun, fut un homme sçavant en la langue hébraïcque, et après avoir esté precepteur de Madame Marguerite de Valois, fut abbé de Pontevron.

Claude Mangot, célèbre advocat au Parlement de Paris, duquel est fait honorable mention par M. Duvair (3), garde des sceaux, en son Eloquence Françoise, estoit natif de Loudun d'une honorable famille et fut père, entre autres enfants, de ces deux illustres personnages, Jacques Mangot (4), advocat général au Parlement de Paris, et Claude Mangot (5), maistre des requestes et depuis garde des sceaux de France.

Louys de Saincte-Marthe, procureur du roy à Loudun, père de Scévole dont sera parlé cy-après, fut fort versé en toutes sortes de sciences et notamment en histoire et jurisprudence.

Jacques de Saincte-Marthe (6), son frère, seigneur de Chandoiseau, médecin du roy et de Madame Eléonore de Bourbon, abbesse de Fontevrault, fut un des plus sçavans et expérimentés médecins de son temps; aussy Scévolle de Saincte-Marthe, son nepveu, luy a donné place en ses éloges.

Charles de Saincte-Marthe, lieutenant général d'Alençon, a faict

---

(1) 1553 (17 mai). Vente par divers à « honorable homme et saige Mᵉ Guillaume Dumayne, licencié ès-loix, maistre des requestes et lecteur de Madame Marguerite de France, vénérable Mᵉ Laurens Dumayne, son frère, chapellain de la dicte dame et honneste personne Jehan Dumayne, marchand demeurant à Roussay, leur frère », d'une travée de maison à Rossay. (Aubry, notaire à Loudun) — Registre des insinuations du Greffe de Loudun pour 1553-1555 communiqué par M. A. Dupré, avocat à Poitiers.

(2) Fille de François premier et de Claude de France, née le 5 juin 1523, mariée le 9 juillet 1559 à Emmanuel Philibert, duc de Savoie, morte le 14 septembre 1574.

(3) Guillaume Duvair, évêque de Lisieux (1556-1621).

(4) Jacques Mangot étudia le grec sous le fameux Lambin et la jurisprudence sous Cujas; il fut successivement maître des requêtes, procureur général à la chambre des Comptes et avocat général au Parlement de Paris; il mourut l'an 1587 âgé seulement de 36 ans.

(5) Claude Mangot, après s'être distingué au Parlement de Paris, fut fait en 1600 maître des requêtes; ayant eu la bonne fortune de gagner la confiance du maréchal d'Ancre, celui-ci le recommanda à la reine Marie de Médicis qui l'envoya ambassadeur en Suisse; à son retour il reçut la charge de premier président au Parlement de Bordeaux et en 1616 fut élevé à la dignité de secrétaire d'état, puis peu de temps après à celle de garde des sceaux de France; il était à l'apogée de sa fortune; son protecteur tomba bientôt en disgrâce et entraîna dans sa chute toutes ses créatures: Mangot dût se démettre de ses fonctions le 17 avril 1617. Un de ses fils, Anne Mangot, maître des requêtes, épousa la fille du secrétaire d'état, Paul Phelypeaux de Pont-Chartrain.

(6) Inhumé en 1570 dans l'abbaye de Fontevrault.

voir par quelques œuvres latines et françoises qu'il a faict imprimer qu'il mérite d'estre mis aussy au rang des hommes illustres de son temps, aussy n'a-t-il pas esté oublié par son nepveu.

Paul Désiré (1), quy fut advocat en Parlement et depuis conseiller au Grand Conseil, ne doit estre aussy oublié, aiant esté homme sçavant et grandement versé aux affaires.

Trois sçavans médecins portant un mesme nom : Pierre Langlois de Belestat, Pierre Boulenger et Pierre Joyeux, contemporains, prirent naissance à Loudun. Pierre Langlois (2), quy fut député aux Estats de Blois, l'an 1577, estoit le plus poly et fit imprimer un livre des hyeroglyphes (3). Pierre Boulenger (4), fils de Pierre que le sieur de Saincte Marthe a mis au rang des hommes illustres en ses Éloges, fut le plus docte, entendoit parfaitement la langue grecque. Pierre Joyeux (5), duquel le sieur de Saincte Marthe a faict aussy l'éloge, fut fort sçavant et le plus expérimenté. Il fut precepteur du comte de Laval quy mourut en Hongrie (6). De ces trois se trouvent des œuvres imprimées, tant en médecine que poésies latines et françoises.

---

(1) Par son testament du 17 février 1610 Gui Chauvet, lègue à son cousin « M. Désiré, naguère conseiller au Grand Conseil et depuis président et lieutenant général au siège présidial de Soissons, un grand bassin d'argent, verny et doré. »

(2) Ce Loudunais est tantôt nommé Pierre Langlois, tantôt Pierre Blondel (V. la liste des députés du Tiers donnée par Augustin Thierry à la suite de son *Histoire du Tiers État*). Dumoustier prétend que ces deux noms ne désignent qu'un seul personnage et cite à l'appui de son dire le journal de Trincant qui relate, à la date du 10 février 1581, la mort de *Pierre Blondel, sieur de Bel Estat, médecin fort habile qui a fait imprimer les Hiéroglyphes ;* au surplus, ajoute-t-il, dans tous les manuscrits de Trincant il n'est point question de Pierre Langlois ; Dreux du Radier est aussi de cet avis et dit qu'il y a identité entre Pierre Langlois, Pierre et Marin Blondel ; d'après les recherches que nous avons faites dans les registres de l'état civil, nous croyons qu'il faut voir là au moins deux personnages distincts : Pierre et Marin Blondel, frères, sont en effet parrains le 8 septembre 1557 du fameux Jules César Boulenger ; Marin, qui était apothicaire, avait épousé Renée Sauvageau ; il portait aussi le titre de sieur de Bélestat ; quant à Pierre il pourrait bien être le même que Pierre Langlois ; Trincant, qui, dans notre manuscrit, le nomme de cette dernière façon, tandis que dans le journal cité par Dumoustier, l'appelle Blondel, semble bien corroborer cette opinion ; de plus nous n'avons pas retrouvé depuis 1557 dans nos registres le nom de Pierre Blondel, tandis que celui de Guillone Lambert, femme de Pierre Langlois, sieur de Bel Estat, y figure plusieurs fois : leur fils, Léonard Langlois, sieur de Bel Estat, gentilhomme servant de la reine mère du roi, fut assassiné à Oiron, le 7 décembre 1605.

(3) Précurseur de nos savants égyptologues contemporains, Langlois a tenté d'expliquer les hiéroglyphes dans deux ouvrages : 1° *Discours hiéroglyphes des Egyptiens, emblèmes, devises et armoiries ;* 2° *Tableaux hieroglyphiques pour exprimer toute conception à la façon des Egyptiens, par figures et images, au lieu de lettres.*

(4) Baptisé à Loudun, le 31 octobre 1555, il était établi à Thouars en 1587. C'est à propos de son père, maître des grandes écoles de Loudun, que Trincant écrivait sur un registre d'état civil : « A ce jour, 8 septembre 1588, mourut en la ville de Loudun le plus sçavant Pierre qui y mourut jamais, asçavoir Pierre Boulenger. »

(5) Présenté au temple protestant de Loudun le 20 juillet 1546.

(6) Si l'on en croit le *Mémoires de Madame du Plessis-Mornay* l'élève fit peu d'honneur à son precepteur : il est vrai qu'il quitta la religion réformée « faisant voir à l'œil à ung chacun, par ses procédés, que la débauche de sa vie, qu'il n'eust pu continuer telle parmi nous, le meneroit là ; en Italie il s'estoit addoné aux devins et sortilèges et d'aultres... il feut tué en Hongrie, en une retraicte près de Sienne, d'ung coup dans le petit ventre, en décembre 1605 » p. 443, t. I.

Guy Chauvet, fils de Jehan (1), conseiller au siège de Loudun, s'avança au Parlement de Paris où il fut advocat très célèbre et témoigna combien il avoit aimé les bonnes lettres et sa patrie, aiant, l'an 1610, donné par testament 30,000 livres pour bastir et fonder un collège dans Loudun ; ce que ses frères héritiers ont exécuté avec peine et l'honneur, car ceux de la religion prétendue réformée, sous prétexte que la ville estoit alors soubz leur domination, demandèrent, en leur assemblée politique tenue peu à près à Saulmur, que le collège fut my-party de regens de l'une et de l'autre religion ; mais après avoir long-temps plaidés au Conseil du roy et au Parlement ils furent déboutés (2).

En ce temps là à Loudun mourut Jehan Briault (3), bailly et juge de Loudun, tenu pour le plus antien juge de France, car il avoit exercé sa charge 53 ans avec intégrité.

Scevole de Saincte Marthe (4), trésorier de France à Poictiers, autheur de l'insigne poëme de la Pédotrophie (5) et des Eloges des Hommes illustres qui ont flori au dernier siècle (6) et autres dignes ouvrages, a faict paroistre combien il mérite du public (7), il estoit fils de Louys de Saincte Marthe, procureur du roy à Loudun, dont il est parlé cy-dessus ; il naquit à Loudun et y mourut l'an 1623 et gist inhumé dans l'église parroichialle (8) ; tandis qu'il a vécu il a esté un grand ornement (9) à la ville de Loudun et lui a esté grandement utile (10).

L'an 1569 au mois de mars, la Ville et Chasteau de Loudun furent démantelés par commandement du roy quy en donna la commission à Monsieur le capitaine de Richelieu (11), pourceque sur la fin de l'année précédente. l'armée des Huguenots quy ruinèrent toutes les églises de la ville et du païs si estoit retirée et arresta celle de Monsieur le

---

(1) Ancienne famille bourgeoise qui a occupé depuis le XV⁰ siècle des postes importants dans la magistrature Loudunaise. Gui Chauvet, fils de Jean, procureur du roi sur le fait des aides et tailles, et de Catherine Fouqueteau, décéda le 18 février 1610. (Généalogie des Chauvet, communiquée par M. Duchastenier, ancien procureur général).

(2) Sur ce procès V. Dumoustier, II⁰ partie, p. 44.

(3) Cette famille est fort ancienne en Loudunais ; elle remonte à N. Briault, annobli par Louis XI ; son fils, François, épousa Guillone Dreux, fille de Jean, grand juge de Loudun (généalogie communiquée par M. Duchastenier).

(4) Né à Loudun, le 2 février 1536.

(5) Ou de la manière de nourrir et d'élever les enfants.

(6) Gallorum doctrinæ illustrium qui sua Patrumque memoriâ floruere Elogia.

(7) « Il fut, dit Dumoustier, orateur, jurisconsulte, poëte, historien, bon père, bon patriote et d'une fidélité inviolable envers les Rois sous lesquels il vécut. »

(8) La dalle avec inscription qui recouvrait son corps a été enlevée et brisée au commencement de ce siècle ; nous en avons retrouvé la moitié chez M. Gui Jouanne.

(9) Les Loudunais que, pendant un moment de troubles, il avait préservés d'un assaut, lui avaient décerné le titre de Père de la Patrie.

(10) Ici se termine le manuscrit de l'Abrégé conservé à la Bibliothèque Nationale ; tout ce qui suit est compris dans la notice intitulée : pour adjouter aux mémoires, etc.

(11) François du Plessis, seigneur de Richelieu, père du Cardinal, prit une grande part aux guerres de religion ; à Moncontour il sauva la vie au duc d'Anjou en lui donnant son cheval pour sortir de la mêlée ; ce service fut l'origine de sa grande fortune : Henri III, qu'il accompagna en Pologne, le nomma conseiller d'état, grand prévot de France et Chevalier du Saint-Esprit ; il mourut en 1590 à l'âge de 40 ans.

Prince (1). Voyez ce que dict l'histoire de la journée de Loudun ; mais l'année suivante que la paix fut faicte, le roy permit aux habitants de faire rebastir leurs murailles quy avoient esté abattues (2).

Lorsqu'on démolissait une tour du donjon par le dehors, on trouva une grande quantité de petite monnoie blanche de la grandeur d'un vieil denier autour de laquelle estoit escript SANCTVS MARTINVS. Il s'en est trouvé d'autres depuis, lors de la démolition de l'ancien palais, dont il est parlé cy-dessus, quy avoient la marque du Christus : ✳ ; j'en garde quelques unes.

Il se remarque que dans la ville de Loudun, il s'est tenu plusieurs conférences et assemblées notables ; dès l'an 1202 il fut choisi par le roy Philippe-Auguste pour y faire trouver les comtes d'Angest, d'Eu et de la Marche, affin de vuider, comme souverain, le différent qu'estoient entre eux et le roy d'Angleterre et duc de Guyenne, quy leur avoit faict de grands outrages (3) ; mais ce roy selon sa coustume manqua de promesse et ne se voulut trouver en la ville d'Angers où le roy de France l'avoit assigné.

Quelques années (4) après, le mesme roy Philippe se transporta à Loudun, ville riche et bien munie, dit l'historien Rigord (5), historien de ce temps, là où le vicomte de Thouars, par l'intercession de Hugues, son frère, duc de Bretagne à cause de sa femme, fit sa paix avec le roy, quy, pour l'obliger, luy donna la seigneurie de Loudun, laquelle néantmoins il ne posséda jamais pour ce qu'il ne demeura guères au service du roy de France.

L'an 1226, au mois de febvrier, le roy Sainct Louys et la reyne régente, sa mère, pensant pacifier les troubles survenus à cause de la régence, vinrent à Loudun où ils séjournèrent trois semaines, pendant

---

(1) Le siège fut levé le 20 décembre 1568.

(2) Les fortifications ne furent reconstruites qu'en 1573 ; pour subvenir à cette dépense, qui s'éleva à 13774 livres, pareille somme fut levée sur les paroisses du Loudunais ; une copie du rôle de cette imposition est entre les mains de M. Duméreau, maire de Loudun.

(3) Jean sans Terre, roi d'Angleterre et duc de Guyenne, avait enlevé, en l'an 1200, Isabelle d'Angoulême, fiancée d'Hugues de Lusignan, comte de la Marche, le jour même de ses noces et l'avait épousée. Pour venger cet affront, Hugues, auquel s'étaient joints Raoul de Luzignan, comte d'Eu, et Arthur de Bretagne, comte d'Anjou, neveu de Jean et d'autres barons poitevins, entrèrent en guerre contre le ravisseur. Le 31 juillet 1202 son armée vint bloquer la ville de Mirebeau où la reine Aliénor, mère de Jean-sans-Terre s'était réfugiée ; mais ce dernier, prévenu du danger que courrait celle-ci, réunit une troupe de routiers et dans la nuit du 31 juillet au 1er août surprit les assiégeants qu'il fit tous prisonniers ; on sait le sort qu'il réserva à son neveu. (V. la savante étude de M. Ledain : *Savary de Mauléon et le Poitou à son époque*, apud. Revue Poitevine et Saintongeaise, année 1892, p. 162). Les événements relatés par Trincant doivent se placer entre 1200 et 1202.

(4) Au commencement de septembre 1214 ; la convention par laquelle une trêve de cinq ans fut conclue entre les rois de France et d'Angleterre fut ratifiée à Chinon le 18 de ce mois.

(5) Moine de l'abbaye de Saint-Denis qui a laissé une chronique très estimée commençant en 1179 et finissant en 1209 ; l'épître dédicatoire est adressée à Louis, fils de Philippe-Auguste.

lequel temps se fit une conférence en un lieu appellé la Charrière de Cursay sur la rivière de Dyve, quy faict la séparation du Poictou et du Loudunois, à deux lieües de Loudun et de pareille distance de la ville de Thouars, où le duc de Bretagne, le comte de la Marche et Savary de Mauléon, chefs de part, s'estoient aussi trouvés; lesquels alloient tous les jours conférer et parlementer au dict lieu avec les desputés de sa majesté; mais ceste conférence quy dura vingt jours fut sans effet.

L'an 1596 fut tenu à Loudun une assemblée politique des Huguenots dont M. de la Noue (1) fut président, vers laquelle le roy envoya M. de Vicq (2), maistre des requestes.

L'an 1616 y fut aussi tenue la conférence pour subject de la guerre mue par M. le Prince de Condé ou se trouvoient onze ducs, pairs et officiers de la couronne; à laquelle conférence le roy envoya pour desputés MM. les ducs et mareschaux de Brissac, de Villeroy (3) de Vic, le président de Thou (4) et de Pontchartrain (5), ministre des

---

(1) Odet de la Noue, fils du fameux capitaine calviniste tué en 1591 au siége de Lamballe; il possédait en Loudunais la seigneurie de Bournand, du chef de sa mère, Marguerite de Téligny.

(2) Méri de Vic, seigneur d'Ermenonville, fut d'abord maitre des requêtes du duc d'Anjou, puis président du parlement de Toulouse, conseiller d'état, surintendant de la justice en Guienne et, en 1621, garde des sceaux de France; il mourut en 1622.

(3) Nicolas de Neufville (1543-1617), seigneur de Villeroi, conseiller, secrétaire d'état et grand trésorier des ordres du roi, était considéré comme le plus sage ministre et le plus habile politique de son siècle; en 1569, Charles IX l'envoya en Allemagne pour régler les articles de son mariage avec Elisabette d'Autriche, fille de l'empereur Maximilien et, en mourant, le recommanda à son frère Henri III qui lui accorda toute sa confiance; il prit une grande part à la conférence de Suresnes et à la conversion d'Henri IV; ce dernier roi eut souvent recours à son expérience et toutes les années de son règne furent signalées par ses services: sous la régence le traité de Loudun fut en grande partie dû à ses soins.

(4) Magistrat intègre, historien de valeur, Jacques-Auguste de Thou, est un des plus remarquables personnages de son temps; nommé successivement conseiller clerc au Parlement de Paris, maitre des requêtes et président à mortier en 1586, il gagna la confiance d'Henri IV qui l'employa en maintes circonstances importantes, notamment aux conférences de Suresnes et de Fontainebleau; pendant la régence de Marie de Médicis, il fut un des directeurs généraux des finances; il mourut le 7 mai 1617; son principal ouvrage est une histoire de son temps qui embrasse une période de 62 ans (1545-1607).

(5) Paul Phelypeaux de Pont-Chartrain, né à Blois en 1569, entra dans les affaires à l'âge de 19 ans, et fut pourvu par Henri II de la charge de secrétaire des commandements de Marie de Médicis; il la remplit avec tant de zèle et de capacité que cette princesse lui fit avoir celle de secrétaire d'état; à la mort du roi, il fut d'un grand secours à la régente et, par sa fermeté et ses judicieux conseils, aida celle-ci à maintenir son autorité et la tranquillité du royaume; ce fut lui qui fut chargé de toutes les missions délicates: en 1615, il se rendit à Couci pour apaiser le prince de Condé qui, mécontent, s'était retiré de la cour; en 1619, il prit une large part au traité de paix conclu avec la reine mère récemment évadée de Blois; en 1620 il réprima la mutinerie des Huguenots assemblés à Loudun; enfin, en 1621, assistant au siège de Montauban, il tomba malade et mourut quelques jours après.

commandements ; de laquelle conférence est venu l'édict appellé l'édict de Loudun (1).

L'an 1619 fut tenu en la mesme ville, par permission du roy, une assemblée politique de Huguenots quy fut la plus célèbre qu'ils firent jamais en France (2) : de laquelle estoit président le vidame de Chartres, à laquelle assemblée le roy n'envoya aucuns desputés, mais seulement gens de sa part pour leur faire commandement de se séparer ; ce qu'ils ne firent qu'avec grandes difficultés et après s'estre quasi mutinés les uns contre les autres (3).

Saincte Radegonde estant venue par dévotion visiter le tombeau de Sainct Martin à Candes-sur-Loyre se retira quelques temps à une lieue de là au chasteau de Saye en Loudunoys où elle vescut avec des austérités non pareilles. Le chasteau qui est fort antien est bastie avec l'esglise parrochialle fondée de Saincte Radegonde et est encore à présent du domaine de l'abbaye de Saincte Radegonde de Poictiers (4).

L'an 1489 le roy donna le revenu du domaine de Loudun, pour dix ans, à Madame Jehanne de France (5), sa sœur naturelle, veuve de Louys de Bourbon, amiral de France, comte de Roussillon.

L'an 1579 le roy donna Loudun à Françoise de Rohan (6), qu'on

---

(1) Ce traité, dû à la faiblesse de Marie de Médicis, reconnut que les rebelles n'avaient pris les armes que « pour la cause du bien public » ; bien plus Condé obtint 1.500.000 livres pour l'indemniser de ses frais de guerres, cinq places de sûreté et le gouvernement du Berry ; cette paix honteuse coûta au trésor près de six millions ; c'était encourager la rébellion du parti des mécontents : aussitôt rentré à Paris, Condé fomenta de nouvelles émeutes.
V. sur cette assemblée : *Négociations, lettres et pièces relatives à l'assemblée de Loudun* par *M. Bouchité*, 1869.

(2) Dumoustier donne p. 109 et suiv., d'après la minute même de ce synode, de curieux détails sur cette assemblée qui, ouverte le 25 septembre 1619, ne fut close qu'au commencement de mars 1620 et encore le roi dut-il rendre une déclaration par laquelle il considérait comme criminels de lèse-majesté les députés calvinistes qui ne se retireraient pas de l'assemblée dans les trois semaines.

(3) Dans cette circonstance l'oncle de Trincant, Jean Mignon, procureur du roi à la maréchaussée, joua un rôle peu honorable ; il fut chargé par les officiers catholiques de porter à la cour ce qu'on avait pu surprendre des secrets des protestants (*Dumoustier*, 1re partie, p. 76).
Cette assemblée se tint au mois de juin ; comme beaucoup d'autres elle fut stérile en résultats ; (V. *Mémoires de Madame Duplessis Mornay*, p. 300).

(4) V. *l'Abbé Leroux*; *Sainte Radégonde à Saix*, Poitiers, Oudin.

(5) Fille naturelle de Louis XI mariée en 1465 à Louis bâtard de Bourbon, fils naturel de Charles I, duc de Bourbon et d'Auvergne ; Louis possédait en Loudunais la seigneurie du Coudray-Montpensier ; « il estoit admiral de France, capitaine de cent lances, capitaine de Honnefleur et de Graville en Normandie et avoit d'autres grands biens du roy. En son vivant il avoit esté homme de bien et s'estoit fort employé au fait des guerres du temps du roy Louis XI » (Guillaume de Jalligny).

(6) Madame de la Garnache appartenait à une puissante famille ; sa mère, Isabelle d'Albret, était fille de Jean d'Albret, roi de Navarre ; elle se trouvait ainsi cousine germaine de la mère d'Henri IV. Cette parenté royale ne la garantit pas de la plus désagréable injure qu'on puisse faire à une personne de son sexe. Jacques de Savoye,

appelle Madame de la Garnache, et l'érigea en duché en sa faveur pendant sa vie seulement et à la charge que la dicte qualité de duché demeureroit éteinte par sa mort.

---

duc de Nemours, qui lui avait promis le mariage et l'avait même épousée par paroles de présent, l'abandonna lorsque les conséquences de leur liaison devinrent par trop évidentes; le duc fit déclarer la nullité de cette union par le Pape, comme ayant été célébrée clandestinement et le parlement reconnut, en 1566, que l'enfant né de Françoise était illégitime.

Ce fut en compensation de cet affront que, par lettres du 16 novembre 1579, le duché de Loudun fut érigé en sa faveur; ce don fut confirmé par Henri IV le 10 avril 1591.

FIN

MÉMOIRES DE MONCONTOUR

Pour M. du Chesne

DRESSÈZ PAR LOUYS TRINCANT

PROCUREUR DU ROY A LOUDUN

Moncontour est une petite ville d'Anjou, en droict de baronnie, tenue à foy et hommage lige du chasteau de Saulmur (1), sise sur la rivière de Dive, laquelle prend son commancement à une lieue et demie plus hault, au village de la Grimaudière, dont la source, qui vient d'un bas, est si profonde que l'on ne peut trouver le fond, et fait moudre un beau moulin à dix pas de là ; cette petite rivière sépare le Lodunois du Poictou et se va jetter dans la rivière du Thoué près Saulmur.

Il y a un vieil chasteau très antien, dans lequel est un donjon où il y a une haulte tour quarrée, qui se void de fort loingt ; nous trouvons en l'histoire qu'il a esté assiégé et pris d'assault par deux fois.

La première par Louys, fils de Philippe-Auguste, roy de France, lors de ses conquestes en Poictou. Rigord dit qu'après avoir ruiné la terre du vicomte de Thouars et *oppida multa opulentissima, devastavisset castrum de Moncontor per vim captum solo adæquavit* ; ce qui est rapporté par Belleforest (2).

La deuxième fois fut par le connestable du Guesclin qui, indigné de ce qu'un capitaine Anglois qui estoit dedans avoit pendu ses armes à

---

(1) V. M. de Fouchier, *Moncontour et ses seigneurs* (Mémoires de la Société des Antiquaires de l'Ouest, 1880) et l'*Aveu de Moncontour en 1485* que nous avons publié dans le *Journal de Loudun*, année 1869.

(2) François de Belleforest (1530-1583) a écrit l'histoire des neuf rois qui ont porté le nom de Charles et une histoire générale de la France ; ces ouvrages sont remplis d'inexactitudes.

l'envers à un bois faict en forme de gibet pour faire despit au connestable, feit donner un assault furieux qui dura tout un jour que ce chasteau fut prins et comme ceux de dedans s'en estoient fuis, furent attrapez et celuy qui avoit faict ceste indignité au connestable fut pendu au mesme bois. Augentur rapporte ceste histoire autrement que Froissard (1).

Dans l'estendue du chasteau y a une antienne église fondée de Nostre-Dame qui a esté faicte parrochiale ; en ceste église ont esté inhumez plusieurs seigneurs de Moncontour.

Le ressort de ceste baronnie s'estend en sept paroisses, de laquelle deppendent quatre petites chastellenies, ascavoir : Marnes et la Haye-Jouslain et sont ces deux, dès longtemps y a, annexées à la baronnie ; Villemont et Larée qui est néantmoins contestée.

Les premiers seigneurs de ceste terre portoient le nom de Moncontour ; dès l'an 1060 est faict mention d'un Robert de Moncontour ès cartulaires des abbayes de Sainct Florent près Saumur et de Vendosme ; elle tomba depuis en la maison de la Haye-Jouslain et en estoit seigneur Me Briand de la Haye-Jouslain l'an 1392 ; duquel messire Guillaume de Craon, vicomte de Chasteaudun, épousa la fille, comme est à présumé, pour ce que, par après, on le voit seigneur de Moncontour (2), de la maison de Craon elle tomba en celle des Chabots à cause que Marie de Craon, fille de Guillaume de Craon et de..... (sic) Monbazon (3), qui fut mariée à Louys Chabot, chevalier, seigneur de la Grève et par l'alliance que la maison de Chastillon prit en celle des Chabots (4), ceux de Chastillon en furent seigneurs, jusques à Claude de Chastillon, baron d'Argenton, qui vendit ceste baronnie à Madame de la Rochepot, mère de Monsieur le duc de Roanois qui à présent en est seigneur (5).

L'an 1569 en octobre fut donné une bataille près de là qui a donné subjet de l'appeller la bataille de Moncontour.

---

(1) Ce siège de Moncontour est raconté très longuement par le trouvère Cuvellier.

(2) La seigneurie de Moncontour appartint en suite à la maison de Sainte-Maure ; Isabeau de Sainte Maure épousa en 1301 Amauri de Craon et lui apporta cette terre.

(3) Jeanne de Montbazon.

(4) Catherine Chabot, fille aînée de Thibault, seigneur de Moncontour, avait épousé Charles de Chatillon.

(5) Nous avons donné l'acte de prise de possession par Jeanne de Cossé, épouse d'Antoine de Silly, comte de la Rochepot, en date du 11 mars 1597, dans le *Journal de Loudun* du 26 octobre 1890.

POUR MONCONTOUR

Aux mémoires envoyéz pour Moncontour fault adjouster ce qui s'ensuit après ces mots : Tour quarrée qui se void de fort loingt : Froissard en son histoire dit que ce chasteau estoit très beau et fort, ayant de profonds fosséz et que le séneschal de Poictou Anglois (1) voyant que la garnison Françoise qui y estoit portoit grande nuisance à la ville de Poictiers, assiégea ce chasteau et le prit d'assault (2) et furent tous ceux qui y estoient dedans tuéz, fort messire Pierre de la Grézille et Jourdain de Colloigne, qui en estoient capitaines et souverains ; mais quelques temps après, et en l'an 1391 (3), fut assiégé par le connestable du Guesclin, indigné d'un outrage qui lui avoit esté faict par un capitaine Anglois, qui estoit dedans, lequel avoit par mespris pendu les armes du connestable à un bois faict en gibet, d'autant, disoit ce capitaine, qu'il luy avoit refusé payer le contenu dans une scédule qu'il avoit de luy ; enfin les Anglois se voyant forcéz, se voulurent retirer et sauver la nuict par derrière ; mais ils furent pris et fut ce capitaine pendu au mesme lieu où il avoit pendu les armes du connestable.

---

(1) Thomas de Percy.
(2) En août 1371.
(3) D'après Cavelier, Moncontour fut repris en 1372.

Loulun. — Imprimerie A. ROIFFÉ